原生家庭生存指南

如何摆脱自恋型父母

俞林鑫 著

中国纺织出版社有限公司

内 容 提 要

缺乏同理心、以自我为中心、控制欲强的自恋型父母，往往以爱为名给孩子造成深刻的心理伤痕。本书详细分析自恋型父母的21种情感武器，比如特权感、扮演完美父母、贬低与挑剔、道德绑架，并给出对比验证的10种情感伤痕，帮助读者识别、理解、摆脱自恋型父母的伤害。切断有毒的情感脐带、信任重建计划、从僵化到有弹性的内在状态是作者在本书提供的3个阶段的疗愈与自我重建策略，配合案例和分析，鼓励读者迈出改变的第一步，重新定义自我，获得成长和新生。

图书在版编目（CIP）数据

原生家庭生存指南：如何摆脱自恋型父母 / 俞林鑫著. -- 北京：中国纺织出版社有限公司，2025.6.
ISBN 978-7-5229-2700-8

Ⅰ.C913.11-62

中国国家版本馆CIP数据核字第2025QP1378号

责任编辑：郝珊珊　林　启　　　责任校对：寇晨晨
责任印制：储志伟

中国纺织出版社有限公司出版发行
地址：北京市朝阳区百子湾东里A407号楼　邮政编码：100124
销售电话：010—67004422　传真：010—87155801
http://www.c-textilep.com
中国纺织出版社天猫旗舰店
官方微博 http://weibo.com/2119887771
天津千鹤文化传播有限公司印刷　各地新华书店经销
2025年6月第1版第1次印刷
开本：880×1230　1/32　印张：8.25
字数：170千字　定价：59.80元

凡购本书，如有缺页、倒页、脱页，由本社图书营销中心调换

序言
成为幸存者而非受害者

2019年"南方周末"微信公众号披露的北大女生自杀聊天记录，把PUA（Pick-up Artist，约会技巧）一词推上舆论的风口浪尖。亲密关系中的精神虐待可能导致严重的身体和心理伤害。可怕的是，这样的精神虐待和控制，往往以爱为名，难以识别和摆脱。以社会热点事件为切入点，NPD（Narcissistic Personality Disorder，自恋型人格障碍）也逐渐为人所知。自恋型人格障碍的患者通常是人际关系中精神暴力的施加者。而受伤最严重的，就是自恋者身边最亲近的人，以孩子和伴侣为甚。

在心理咨询实践中，我经常接触到表现出"自恋性脆弱"（Narcissistic Vulnerability）的来访者。他们通常特别在意他人的评价、对批评反应强烈、人际关系不良、情绪调节困难、长期不快乐，有时还会失眠，出现强迫行为或躯体化症状，在职业和亲密关系的发展上也容易停滞不前。通过评估，我惊讶地发现，这些来访者的原生家庭中往往存在具有自恋特质的父母（或其他重要抚养者）。这一发现也印证了自体心理学创始人海因茨·科胡特在其论著中的观点——父母未解决的自体需求（表现为自恋特质）会通过代际传递导致子女的自体疾患。

这些父母通常表现出病理性自恋的特征，例如：在人际关系中有剥削他人的倾向，严重缺乏同理心，表现出嫉妒和破坏行为，时常情绪失控甚至暴怒，有时还伴有施虐或受虐的行为。一些父母已达到自恋型人格障碍的诊断标准,而另一些虽然未达到此程度,但依然具备明显的人际剥削特征。这种家庭环境对来访者的心理健康造成了深远影响,成为他们心理困扰的重要根源之一。

最近几年,越来越多自恋型家庭的"受害者"在互联网上留言分享自己的痛苦[1]:

- "我爸从不会在经济物质方面亏待我,但在精神方面,他经常快把我逼疯了!"
- "我妈总是控制我的穿着,如果不符合她的审美,她会觉得我给她丢人,甚至不愿意跟我一起走在街上。记得有一次,我剪了短发,她竟然等了我一晚上,到我回家后狠狠地骂我,说我像个男人,一点女孩子样都没有。"
- "她从不在别人面前失控,情绪稳定,形象完美,还表现出泛滥的'母爱',我才是那个在别人眼中大喊大叫的'神经病'。"

我们能从这些网友的文字中感受到强烈的无助和愤怒。值得注意的是,自恋型父母的伤害行为在现实生活中常被合理化和否认,受害者的控诉往往被无视甚至质疑。有些病理性自恋者(简称"自恋者")的外在形象光鲜亮丽,因此当孩子或伴侣试图向他人寻求帮助时,常被告知"他(她)是爱你的""你想多了"。这种反馈使受害者对自己的判断产生怀疑,进一步加剧了他们的孤立感。

---

[1] 本书中的案例基于临床咨询、网友分享和虚构演绎,为保护隐私,进行了匿名化处理。

病理性自恋：具有人际伤害性的心理模式

根据《精神障碍诊断与统计手册（第五版）》（DSM-5），自恋型人格障碍是一种需要他人赞扬且缺乏共情的自大（幻想或行为）的普遍模式；起始不晚于成年早期，存在于各种背景下，表现为下列中的 5 项（或更多）症状：

- 具有自我重要性的夸大感（例如，夸大成就和才能，在没有相应成就时却盼望被认为是优胜者）。
- 幻想无限成功、权力、才华、美丽或理想爱情的先占观念。
- 认为自己是"特殊"的和独特的，只能被其他特殊的或地位高的人（或机构）所理解或与之交往。
- 要求过度的赞美。
- 有一种权利感（即不合理地期望特殊的优待或他人自动顺从他的期望）。
- 在人际关系上剥削他人（即为了达到自己的目的而利用别人）。
- 缺乏共情：不愿识别或认同他人的感受和需求。
- 常常嫉妒他人或认为他人嫉妒自己。
- 表现为高傲、傲慢的行为或态度。

尽管符合自恋型人格障碍诊断标准的人比例相对较低（约 0.5%~5%），但这并不意味着没有达到诊断标准的自恋者就不会对他人造成伤害。实际上，许多自恋型父母虽然未达到完全的诊断标准，却仍然符合其中 2~4 条特征（特别是其中的人际剥削、缺乏共情、嫉妒、权利感等特征），这足以对亲子关系、夫妻关系以及其他人际关系造成深远的负面影响。

病理性自恋的概念比自恋型人格障碍更为广泛，它包括两种形态：自恋性夸大和自恋性脆弱。从精神分析角度来看，自恋者倾向于剥削、利用他人，维系自恋性夸大的同时防御内心的脆弱。他们将他人视为工具，甚至将情感或身体虐待合理化为"教育"。在家庭中，他们制造好坏对立，令家庭成员陷入无休止的斗争；他们容易暴怒，给孩子带来深重的心理阴影。他们把自身脆弱的一面投射❶到他人身上，不断打压、贬低他人，令受害者逐渐认同这些负面感受，变得自卑和脆弱。父母长期的情感操控让孩子承受各种心理创伤，形成复杂性创伤后应激障碍（Complex Post-Traumatic Stress Disorder，C-PTSD）。

自恋型家庭幸存者的成长困境

许多在自恋型家庭中长大的孩子，成年后仍希望通过沟通让父母改变，但现实往往令人失望。治疗自恋者通常很困难，并非没有方法，而是他们抗拒改变。一个人想要改变，必须满足两个条件：承认自己的问题、愿意接受帮助。不过，对很多自恋者来说，这两点几乎无法实现。

1. 自恋者很少承认自己的问题

他们习惯于否认问题并将其投射到他人身上。在他们的认知

---

❶ 投射是一种心理防御机制，是指将自己的态度、愿望、情感等归结于别人。自恋者经常会使用投射机制来处理内在糟糕的感受。具体会在第六章中详细介绍。

中，问题在于他人，他们自己是"完美的"。即便内心隐约知道自己有问题，他们也绝不愿意承认。他们对别人不坦诚，对自己也不坦诚，承认错误对他们而言是一种深刻的挫败。

2. 自恋者抗拒接受帮助

接受帮助意味着他们不得不面对自己的弱小与无助，这会与他们的自恋性夸大感产生冲突，加剧他们的羞耻感，甚至引发抑郁。即使他们来做心理咨询，强烈的嫉妒心也会常常阻碍他们从咨询师那里吸收有用的反馈，使得改变无法发生，甚至导致情况变得更为糟糕（这种现象被称为"负性治疗反应"）。

当成年后的子女试图与自恋型父母沟通，希望他们改变或道歉时，常会遭遇强烈的反抗。他们不得不面对一个痛苦的现实：他们的父母是缺乏爱的能力的人；以及童年所缺失的无条件爱，他们永远也得不到了。有些人会与父母展开旷日持久的斗争，对父母宣泄大量的怨恨；有些人会因为自身发展的困境，将一切归咎于父母，陷入令人窒息的纠缠关系之中。而另一些人则在痛苦中学会了接受现实，哀悼早年爱的缺失，重新找到了前进的方向。

成为幸存者而非受害者

在心理咨询过程中，帮助此类家庭的来访者在心理上摆脱自恋型父母的操控，往往需要一个漫长而复杂的过程。这些来访者通常被大量苛刻的道德要求束缚，难以直面原生家庭的问题，并倾向于将父母理想化或美化。这种认知模式使他们陷入一种内在

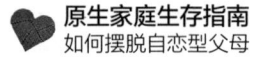

冲突之中，难以看清家庭关系的真实面貌。

当他们逐渐觉醒并开始从心理上脱离父母的控制后，通常会经历一段痛苦的情绪挣扎。这包括深深的抑郁、挥之不去的内疚感、无法缓解的孤独感，以及强烈的自我怀疑等。这些情绪不仅加剧了他们的心理负担，也让他们对于完成心理重建产生了强烈的困惑和不安。

通过及时觉察和有意识地改变，源自自恋型原生家庭的心理创伤是可以被修复的。首先，幸存者需要从心理上脱离原生家庭的控制，成长为情感独立的个体。接下来，他们需要着手修复人际关系层面与自我发展层面的问题。

- 人际关系层面：处理由不安全依恋关系带来的影响，以及由敏感、脆弱的心理状态和难以驾驭的攻击性、表现欲而引发的问题。
- 自我发展层面：减少对不良心理防御机制的过度依赖，改善情绪调节能力，突破苛刻道德标准的束缚。

本书旨在揭示自恋型父母对孩子的深远影响，并为成长于这些家庭中的读者提供心理疗愈的途径和方法。希望读者借由正视原生家庭中深层次的创伤与问题，通过深刻地觉察、勇敢地直面，以及切实地实践，最终重建稳固的自我身份认同，并形成更健康的人际关系。内在的转变不仅是疗愈的核心，也是构建属于自己的健康生活的重要路径。希望在这本书的帮助下，每位读者都有能力摆脱童年创伤的束缚，成为有毒原生家庭的幸存者。

CONTENTS 目录

上篇 揭示自恋型家庭的伤害

第一章
自恋的真相：从健康需要到病态索求 －002

自恋：正常的心理需要 －002
病理性自恋：夸大与脆弱 －010
自恋的发展：从正常到异常 －018

第二章
伤害的剖析：自恋者的 21 种情感武器 －026

自恋型父母：光鲜的外表，脆弱的内心 －026
自恋型父母伤害孩子的 21 种常见方式 －038

第三章
幸存者的伤痕：难以抹去的创伤印记 －071

自恋型父母留给孩子的 10 种情感伤痕 －071
典型案例分析：自恋型家庭的幸存者 －088

第四章
分离与重生：切断有毒的情感脐带 - 130

从幻想到现实，直面原生家庭创伤 - 130

与自恋型父母划清心理界限 - 134

放下理想化期待，停止寻求得不到的爱 - 139

哀悼无条件爱的缺失，拥抱"真我" - 145

反操控实战：6步掌握人生主导权 - 151

第五章
信任重建：从破碎到完整的关系拼图 - 163

从恐惧到信任，解锁安全依恋的密码 - 163

增强心理韧性，减少敏感与脆弱 - 179

驯服心中的猛兽，整合攻击性 - 189

不再拘谨，克服毒性羞耻感 - 196

第六章
自我和解：从僵化到有弹性的内在状态 - 206

勇敢面对自己，重塑心理防御机制 - 206

在风暴中锚定自我，回到情绪耐受窗 - 224

学会健康的自爱，让严苛的超我松弛下来 - 235

探索内在小孩，在咨询中二次成长 - 242

延伸阅读 - 251

上篇
揭示自恋型家庭的伤害

第一章
自恋的真相：从健康需要到病态索求

自恋本质上是一种正常的心理需求，它能为人带来活力与自信。病理性自恋则是一种有问题的心理状态，自恋者为了得到活力和自信，不惜对他人造成伤害。它通常源于童年时期情感的匮乏或成长于充满虐待的环境。除了上述内容，本章还将探讨病理性自恋的形成过程以及其伤害性背后的深层原因。

自恋：正常的心理需要

当你完成一项重要的工作，并得到同事和上级的肯定时，你是否感到一种由衷的满足感和自信的提升？或者，在求学生涯中，有幸遇到一位经验丰富、智慧且富有爱心的老师，他知识渊博，总能为你答疑解惑，并指引你未来的发展方向，此时，你可能会感到一种发自内心的骄傲和自豪。又或者，你刚刚加入一家公司，发现团队中有一位与自己背景和兴趣相近的人，在他的陪伴下，你会觉得自己在新的环境中不再孤单，甚至感受到更强的归属感和自我认同。在这些情境中，你正在经历心理学中所说的"正常自恋需要"的满足。

自恋一词，常常与"自负""浮夸""自我中心"等负面形象联系在一起。其实，从心理学的角度来看，自恋是一种正常且合理的心理需求。每个人都希望自己能够被认可、被欣赏，

第一章
自恋的真相：从健康需要到病态索求

甚至渴望在某些特定的情况下被人崇拜；我们也希望能亲近那些具备理想化品质的人，比如睿智、强大、充满力量的个体；同时，我们还期待在人际关系中找到某种相似性和归属感，通过他人确认自己的存在价值。这些心理需求共同塑造了我们内在的自体感，并在很大程度上影响着我们的情绪、行为和人际关系。

正常自恋的意义：发展稳定的自体感

正常自恋是个体心理发展的重要组成部分，对我们的自我意识发展、心理成熟和社会适应具有积极意义。它是我们内在情感需求的核心表现，能够在一生中为我们提供持续的心理弹性和自我调节能力。中等水平的自恋特征是健康心理的标志之一，它能帮助我们在生活中保持自信、动力和愉悦感，从而更好地应对各种挑战。

当我们的自恋需要得到满足时，我们会感到一种内在的满足感和对自己存在的肯定。我们不仅会从自身的成就中感受到愉悦，还会因为良好的人际关系和外界的认可，体验到一种稳定的自我价值感。这种满足感不仅关乎表面的成功和认同，更与我们对自己生活经历、与他人的情感联结，以及内在心理状态的正面体验息息相关。换句话说，健康的自恋让我们能够从内在和外在两方面感受到对自我的认可和欣赏。

精神分析学家奥托·肯伯格将成年人的正常自恋需要总结为五个主要来源，这些来源阐释了正常自恋如何塑造我们的心理健康、影响我们的情绪状态，并支持我们在面对挫折时恢复积极的自我感觉。

1. 正常自体的满足感：内在的稳定与活力

正常发展的自体能够提供一种对自我存在的满足感。这种满足感源于个体对自己作为一个完整、连贯的存在的体验，包括对自我内在价值的感知、情绪的稳定性以及心理的活力。一个健康的自体让我们能够从自身存在中感受到快乐和意义，而不仅仅依赖外界的认可和支持。

如果在儿童时期，个体未能得到足够的情感回应（例如父母的关爱和支持），自体的发育就可能受到阻碍，导致一种脆弱或低迷的自体状态。这样的个体可能会经常感到内在的空虚和无助，他们的自体感容易"宕机"，对自尊的调节能力也较弱，强烈依赖外界的认可与赞扬来维持自体的完整性和活力。

2. 他人认可：外界互动中的认可与肯定

我们的自恋需要在很大程度上通过与他人的互动来满足。他人对我们的欣赏、尊重和关爱，会增强我们的自尊和自信，使我们感到自己的价值被肯定。特别是在成长过程中，父母和其他重要人物对我们的积极回应和认可，对自恋需要的满足尤为关键。

相反的情况也可能发生。如果个体长期受到否定、轻视，或者在情感上被忽略，他们的自体感会变得脆弱不堪，自恋需要遭受挫折，导致愤怒、沮丧等负面情绪。这种状态不仅会削弱自尊，还可能让个体产生对外界的敌意和攻击性反应。

3. 内化的重要他人：心理支持的内在化机制

在我们的成长过程中，那些支持、肯定我们的人会逐渐被内化，成为我们心中的"好客体"。这些内化的好客体是我们面对挫折和困难时的情感支持来源。他们的声音会以一种潜在的方式存在于我们的内心，提醒我们"你是可爱的""你是有能力的"，从而维持自体的稳定和活力。

如果我们在成长过程中，经常遭受身边重要他人的否定、拒绝甚至虐待，那么，他们会被内化为"坏客体"，发出摧毁性的内在声音。坏客体的声音可能在我们内心不时地响起，责备我们："你不行""你很没用"。好客体的缺失，以及坏客体的攻击，会使个体的自体感极为脆弱，在面对外界压力时容易崩溃，并过度依赖外部环境来调节自我价值感。

4. 超我的赞许：内在道德感的奖赏机制

超我，是我们的内在道德标准和价值体系的化身。当我们达到自己设定的目标或遵循内心的道德规范时，超我会给予我们一种内在的奖赏感。这种奖赏可能表现为对自我的肯定、满足感和内在的愉悦体验，它是正常自恋的一个重要来源。

例如，当我们完成了一项自认为具有挑战性的任务，或者坚持做了自认为正确的事情时，我们会感到由衷的自豪与满足。这种体验强化了我们的自体感，使我们更加积极地面对生活。然而，当我们违背了自己的道德标准或未能实现目标时，超我

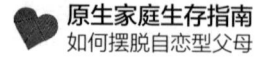

可能会对我们进行批评或惩罚,导致自恋受挫,引发羞耻感和愧疚感。

5. 情感与生理需要的满足:良好自体感的基础

我们的自体活力和完整性还取决于基本情感需求和生理需求的满足。健康的人际关系、爱情、性关系,以及日常生活中基本生理需求的满足,都会对自体的稳定性和活力产生积极影响。相反,如果这些需求长期被忽视,得不到满足,自体的稳定性就会受到严重冲击,个体可能体验到无力感、虚弱感甚至内在崩溃。

在现代社会中,这一来源尤为重要。高压的生活和疏离的人际关系,常常使人们的情感需求无法得到满足,导致内心的空虚与孤独感。在这种状态下,自恋需要的满足变得更加困难,人们的心理弹性也因此下降。

自恋受挫与调节能力

尽管正常的自恋需要对心理健康具有重要意义,但它并不是总能顺利实现。在现实生活中,我们可能经常面临自恋受挫的情况,例如得不到他人的赞赏和认可、在工作或学习中遭遇失败、缺乏情感和生理需要的满足,甚至包括在朋友圈发的动态没人回应等,这些情况会让我们体验到自卑、沮丧、羞耻、愤怒等负面情绪。

健康的自体发展能够让我们具备良好的自体调节能力(Self-regulation Capacity）。自体调节能力是个体在面对压力、挑战或外部刺激时，保持冷静、理性，避免极端情绪反应的重要能力。面对自恋受挫的情景，健康的个体可以通过自我反思、积极情绪调节和心理支持等方式，较快地恢复良好的自我感觉。他们不会被强烈的负面情绪所淹没，也很少会将这种情绪转嫁到他人身上，例如通过贬低、羞辱或攻击他人来保护自己的自尊。

这种调节能力，是健康自恋的重要特点。它让个体能够以中等强度的方式表达自己的自恋需求，同时在满足自恋需要的方式上，能够合理地适应所处的社会文化环境。此外，面对挫折时，个体能够灵活应对，避免破坏性情绪的爆发，从而维持积极的自体感觉。

自体：一种心理结构

在心理学中，"自体"并不是一个物理上的实体，而是一种内在的心理结构，指的是个体如何感知、理解自己。自体的发展通常与早年关键人物（如父母或其他重要的养育者）的情感回应密切相关。当一个孩子在成长过程中感受到父母的关注、接纳和欣赏，特别是在抚养者的心目中，孩子是一个有感受、可思考的独立个体时，孩子便能够逐渐建立起一种连贯、稳定、充实的自体感。这样的孩子往往会体验到自己是一个完整而有活力的存在。

相反，如果一个孩子在早年被情感忽视，或者父母无法给

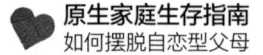

予积极的回应,他的自体感就可能变得脆弱甚至破碎。这样的人通常会感受到内在的空虚和不连贯,自尊水平较低,在意他人评价,情绪容易波动。心理学家海因茨·科胡特,作为自体心理学的创始人,将这种内在的心理结构描述得尤为清晰。他认为,人类的自体感是随着婴儿期的自恋需要逐渐发展起来的,而自恋需要的满足是个体心理健康的重要基础。

海因茨·科胡特的自恋需要三分法

科胡特将自恋需要分为三种类型:镜映的需要、理想化的需要以及密友的需要。这些自恋需要的满足是自体成长和稳定的核心动力,也是我们日常心理健康的关键。

1. 镜映的需要:寻求认可与欣赏

镜映的需要是指我们渴望得到他人的关注、认可和情感回应,这种需求在婴幼儿时期尤为明显。当年幼的孩子完成一件小事时,比如学会走路或完成一幅画,他会期待父母的称赞和鼓励。父母的笑容、鼓掌和积极回应,能够帮助孩子建立起稳固的自尊和自信。当孩子遇到挫折时,他会期待得到父母的理解和支持,帮助恢复情绪稳定。如果这种需求得不到满足,孩子可能会感到空虚、脆弱,甚至发展出强烈的自卑感。

这种需求在成年后同样存在。例如,当我们在工作中被上级和同事认可,或者在朋友聚会中感受到他人的欣赏,以及在我们情绪低落时得到他人的理解和支持,我们会体验到一种良好的自我感觉。通过外界的情感回应，我们的自体感得以巩固，内心也会变得更加稳定。

如果镜映的需要在儿童早期长期得不到满足，个体可能会陷入对外界关注的极度依赖，甚至表现出病态的自恋倾向。例如，过分追求他人的赞美，通过炫耀等方式来吸引关注，或者因为他人稍微的忽视或冷淡而感到强烈的沮丧与愤怒。

2. 理想化的需要：崇拜强大与理想的对象

理想化的需要表现为我们渴望与那些具备理想化品质的人建立关系。我们会倾向于崇拜那些被认为智慧、强大、情感可靠的个体，并希望通过与他们的接近，获得情感支持和力量感。父母往往是孩子最初的理想化对象，孩子会认为父母无所不能，强大且充满力量，并为此感到自豪。这种崇拜和依附感，能够为孩子提供情感上的镇定和安全感，同时也指引他们未来的发展方向。

在成年阶段，理想化的需要仍然是人类心理的重要组成部分。我们会对那些具备特殊才能或优秀品质的人产生崇敬之情，比如一位智慧的老师、一位领导力出色的上司，或者一位充满魅力的公众人物。我们也会把理想化需要放在伴侣身上，认为他有些美好的品质。通过与这些人的接触，我们可以获得支持与鼓舞，帮助我们在内心感到更加稳定和自信。

但如果这种需求在早期没有得到满足，个体可能会在成年后过度依赖他人，甚至表现出强烈的"偶像崇拜"倾向。他们可能会极端理想化某些人，过度依附于这些人，并在遭遇失望时表现出强烈的情感崩溃。

3. 密友的需要：寻找相似性与共鸣

密友的需要指的是我们渴望找到与自己有相似体验和感受的人。它不仅是一般的友情，更强调在深层情感上的共鸣与理解。这种需要帮助个体确认自己的感受，并从中获得自我认同和心理支持。

在儿童时期，这种需要可能表现为与玩伴之间的亲密关系。孩子们通过共同的游戏和体验，感受到自己的情感被理解和接纳。成年后，这种需要则更多体现在亲密朋友或伴侣关系中。通过与具有相似经历的人建立情感联结，我们可以在社会中找到归属感，并增强内在的稳定性。

这种需要满足时，人们会感到一种强烈的幸福感和安全感，正如古语所说，"人生得一知己足矣"。但如果这种需求被忽视或无法满足，个体可能会感到孤独和隔离，甚至对自己的感受产生怀疑，影响自体的稳定性。

病理性自恋：夸大与脆弱

追求赞赏和自我提升是人的正常自恋需要，但当这些需求过于极端并伴随调节能力的缺陷时，就有问题了。生活中我们会见到一类人，他们的自恋需要特别强烈，经常维持在很高的水平。而且，他们自恋的满足方式仍然在原始和幼稚的状态，无法转变为成熟的、被社会认可的方式。比如，他们特别渴望得到别人的

第一章
自恋的真相：从健康需要到病态索求

关注和夸奖，经常寻求特权和优越感，而一旦这些需要受挫，他们就会呈现出调节能力的不足，陷入强烈的愤怒、羞耻、嫉妒、自卑等负面体验中。

正常自恋的满足一般是基于现实的成就，它不是空中楼阁，而病理性自恋要么夸大，要么虚构或撒谎，有很多幻想的色彩。

男子A总是自视甚高，认为自己将来肯定属于精英阶层。他长期不能建立稳定的恋爱关系，保持着处男之身。当他得知精英们通常较晚开始性生活，也较晚步入婚姻时，他便将这一特征视作精英的标志，并试图通过模仿来强化自己的精英幻想。这种幻想不仅满足了他夸大自恋的需要，也在无形中阻碍了他与女性建立正常关系。他曾有过一段短暂的恋情，但因拒绝与女友亲热而导致对方感到不安和愤怒，最终女友选择了离开。

相比正常自恋，病理性自恋的满足有更多攻击色彩，通常建立在打压、剥削和利用他人的基础之上。这种行为的根源在于，自恋者会试图否认并投射出自己身上不想要的部分到周围的人身上，并对其展开攻击。然而，他们并未意识到，或者不愿承认，那些他们鄙视、厌恶和排斥的特质，实际上与他们自身紧密相连。这种心理机制在亲子关系和亲密关系中尤为明显，这也正是病理性自恋具有伤害性的重要原因。

男子A在中学时期爱捉弄性格温和的同学，通过小动作、恶作剧和嘲讽来获得优越感。受欺负的同学常感尴尬和愤怒，却因性格软弱而敢怒不敢言，这让A更加得意。通过欺负他人，他满足了自恋，并将自身的糟糕感觉转嫁给了他人。不过，这种以

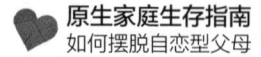

伤害他人为乐的行为，导致了他与他人的疏离以及随之而来的孤独。虽然周围人最初被他表面的幽默和健谈所吸引，但一旦察觉到他伤害性的一面，自然就会远离他。

除了自恋需要的过度强烈、满足方式的幼稚与非适应性，以及具有伤害他人的倾向等基本特征，病理性自恋还有两个核心的特点：自恋性夸大、自恋性脆弱。

自恋性夸大（Narcissistic Grandiosity）

如果深入探究自恋者的内心世界，会发现他们拥有一个病理性的夸大自体（Grandiose Self）。自恋者执着于满足这个夸大的自恋需求，带有一种迫切性和成瘾性，这深刻影响着他们大部分的行为和人际交往。

有些人会将夸大的自体需要以显而易见的方式呈现出来，这在自恋型人格障碍者身上特别明显。这种人格类型的人通常渴望成为人群中的焦点，喜欢通过自我表现来吸引他人的注意。他们野心勃勃，不仅希望得到别人的认可，还希望被仰慕甚至崇拜。他们炫耀自己的外表吸引力、权力、财富，包括任何能让他们看起来更为闪耀的东西。

他们深信自己优越、特殊，或者自认为完美无缺，并期望他人能够认识到这些。他们通常高估自己的能力，夸大自己的成就，所以，只有那些"完美""有天赋"的人才配与他们交往，他们排斥身边的"普通人"。他们相信自己的需求很特殊，超出常人的理解。他们通过把理想化的要求加给他们交往的人来增强自尊。比如，他们会通过一些心理操控手段，把自己的孩子塑造成为一个"童年优秀"的人，以彰显自己的卓越。他们可能坚持只要"顶尖"的人（医生、律师、理发师、教练）为他们服务，或者希望隶属于"最好"的机构。

根据 DSM-5 关于自恋型人格障碍的描述，这类个体缺乏同理心，很难认识到他人的需求、主观体验和感受。他们倾向于认为他人应该全然关注自己的幸福，将自己的感受和需求置于首位。与他人互动时，他们可能以冗长且不恰当的方式谈论自己关切的事情，而很少意识到或在意他人也有感情和需求。

比如，有一位男子提到，他的母亲在电话中可以滔滔不绝地讲上很长时间，而完全不顾他是否感兴趣或愿意听。这名男子表示，他经常将电话搁置一旁去做其他事情，过一会儿再拿起电话时，母亲仍然在讲个不停。显然，这位自恋的母亲完全沉浸在自己的表达中，忽视了儿子的情绪和需求。

对于那些试图表达自己问题或担忧的人，自恋型人格障碍的个体常表现出轻蔑和不耐烦。他们对自己的言语可能造成的伤害缺乏感知。例如，他们可能会对昔日的情人热情洋溢地谈论自己"终于找到了真爱"，或者在生病的人面前吹嘘自己的健康。即便意识到他人的需求或情感，他们也很可能轻蔑地将之视为软弱或脆弱的表现。他们有一种"哪壶不开提哪壶"的特点，会无意识地通过伤害别人来满足优越感。

此外，自恋型人格障碍的个体通常表现出嫉妒他人或坚信他人嫉妒自己的特质。他们可能会对别人的成功或拥有的财产心生嫉妒，因为他们认为自己才更配得上这些成就、仰慕或特权。在这种心理驱动下，他们往往会严厉地贬低他人的贡献，尤其是在那些人已经因自己的成就而获得认可或称赞的情况下。

在行为上，自恋型人格障碍的个体往往以高傲和傲慢为特征。他们常表现出势利眼的倾向，对人态度轻蔑，或者以一种居高临下的姿态与人互动。例如，他们可能因为一名服务员的笨拙而抱怨其"无礼"或"愚蠢"，甚至大声呵斥；或者在接受医疗帮助时，对医生的专业性发表居高临下的评价，认为其"不过如此"。如果他们来做心理咨询，他们很容易对心理咨询师进行评价和挑剔，时不时地显露出优越感。

除了公开地展示，这种夸大自体的需要也可以通过隐晦的方式来呈现。例如，在一次聚会中，大家讨论起癌症的话题，有人谈到保持健康的生活方式，另有人提到环境卫生和情绪压力的影响。这时，一位看似内敛低调的男子突然插话："我觉得还是基因最重要。"乍一听，这似乎是个合理的观点，但结合他一贯的言谈举止，我们不难发现，他其实是在暗示自己的家族基因优越，不会得癌症，而得病的人都是基因有问题的人。这种看似中性的言论背后，潜藏着深深的优越感。

夸大自体的需要经常会在幻想、梦中得以呈现。比如，一个辍学在家的高中生幻想自己将来成为一名程序员，开发出一款顶尖软件，就此一夜暴富。随后，他一跃成为成功人士，过上了自由自在又轻松潇洒的人生。他也经常会梦到自己成为一名伟大的政治领导人，站在舞台中央接受别人的欢呼和掌声。但是，他看不进书，交不了朋友，因为他觉得这些普通的事情没有意义。这些幻想和梦转移了他在学业及人际上的挫败感，让他维护着夸大

第一章
自恋的真相：从健康需要到病态索求

自体的主观感觉。

自恋性脆弱（Narcissistic Vulnerability）

自恋性脆弱是病理性自恋的一种重要表现形式，尽管这一概念尚未被正式纳入DSM-5，但精神分析流派普遍认可其存在及其对人际关系的深远影响。不同于更为明显的自恋性夸大，自恋性脆弱的核心特征是极度不稳定的自我形象与自我价值感。这种脆弱性反映出个体内在的深层不安全感，并伴随对外界评价的高度敏感。

自恋性脆弱者极度害怕被忽视或轻视，他们的自我价值感容易因挫折而崩塌，从而引发一系列负面的情绪和行为反应。这些反应包括低自尊、嫉妒、强烈的羞耻感、敌意与攻击性、对自我与他人的贬低，以及社交退缩。在更极端的情况下，自恋性脆弱可能导致个体出现自杀倾向。这种内在的情绪敏感与不稳定状态，不仅对个体的心理健康造成沉重负担，也深刻影响其与他人的关系。

自恋性脆弱的表现方式有显性和隐性两种。在显性表现方面，自恋性脆弱者总是感到自己不够好，不足以应对生活中的挑战，内心深处常常充满无价值感。他们对外界的反馈尤其敏感，即使是轻微的负面评价，也可能让他们情绪崩溃。他们会因此感到抑郁和焦虑，在社交场合中显得退缩。在隐性表现方面，为了掩饰自己脆弱的一面，有些自恋性脆弱者会竭力隐藏真实的自我，避免被他人看穿。他们还会通过隐晦的方式展示自己的成就或能力，以此弥补内在的自卑和不安全感。

小张在工作中常常感到自己得不到足够的重视。在项目会议上，看着同事们热烈讨论一个新项目，他抿着嘴低头翻看手中的文件，眼神中带着一丝游离。他回忆起上次会议中自己的发言，心里暗暗忧虑："我是不是表现得奇怪？大家会不会轻视我？"最终，小张并没有在会议上发表什么见解，会后又感到沮丧和自责。

为了掩饰这种脆弱感，小张在日常对话中会以一种"无意间提及"的方式展示自己的成就。一次，大家在茶水间聊起客户反馈时，他端着杯子微微一笑，说道："哦，上次那个项目，我其实没费什么力，但客户还挺满意的。"他说完后用眼角余光扫了一下周围，似乎在观察同事的反应。

小张也会通过社交媒体隐晦地"分享"自己的成就。他发了一张工作邮件的截图，上面显示了上级对他的表扬，配文却写道："今天真是累坏了，邮件都堆到天花板了。"发送后，他盯着手机屏幕，手指轻轻敲打着桌面，看到几个点赞和评论后，表情稍微放松了些。

小张的这些行为，其实是自恋性脆弱者典型的"隐蔽自我提升"方式。他们内心渴望被认可，却不愿直接表达，担心会显得自负或暴露出内在的不安全感，因此选择了这种隐晦的方式来展示自己的优越之处。实际上，这种行为背后反映的是一种深层次的自我怀疑，他们试图通过外界的肯定来缓解内心的脆弱与不安。

自恋性脆弱的一个很重要的特点是自体调节能力的不足。缺

第一章
自恋的真相:从健康需要到病态索求

乏自体调节能力的人在面对挫折或压力时,往往难以有效应对,从而导致情绪迅速崩溃。一些人为了缓解内在的痛苦,可能会采取心理操控的方式,将自己的情绪负担转嫁到他人身上,以此暂时获得心理上的安慰和稳定。

有一次,沈女士的儿子在学校的竞赛中没有获得名次。她得知这个结果,脸一下就冷了下来。回到家中,她对儿子大发脾气:"我付出了这么多,你就给我这样的回报?你怎么这么没用!简直是丢我的脸!"儿子战战兢兢,眼眶红了,也不敢回嘴。她发了一顿火,警告儿子自我反省,还将自己关在房间里哭泣。

儿子跑去安慰妈妈,在房间外小声道歉,表示下次一定会努力,给妈妈争光。但沈女士继续诉苦:"你根本不懂我的感受,我为你付出了多少!"儿子不敢再开口,主动去做了家务,煮好饭送到母亲床头。晚上,儿子躲在被子里偷偷哭泣,觉得自己确实对不起妈妈,应该更加努力回报妈妈。之后的几天,沈女士开始回避亲友的聚会,她害怕别人问起儿子的竞赛成绩,从而带出她"作为母亲的失败"。

在这个例子中,我们不难发现沈女士自体的脆弱性以及相伴的自体调节能力的缺陷。儿子一次竞赛失利,沈女士就出现情绪崩溃,产生了很多消极想法,不仅言语攻击孩子,回避社会交往,还逼迫孩子反过来安慰她。我们可以想象,长期与这样的母亲相处,孩子可能要时不时地承受各种言语和情绪攻击,并产生自卑、内疚、羞愧等情绪,也可能跟他的母亲一样成为一个敏感而脆弱的人。

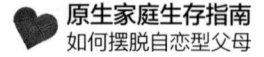

相反,一个自体健康的母亲,面对同样的情景,在短暂的失落之后便能迅速地振奋精神,给孩子安慰和鼓励,而不会陷入糟糕的情绪和想法中难以自拔。这样的母亲能够成为孩子的情感支持者,并逐渐被内化为内在稳定的支撑力量,为孩子的安全感和自信心打下良好的基础。

自恋的发展:从正常到异常

自恋的正常发展

自恋的正常发展离不开一个充满情感回应的抚养环境,我们通过一对母子之间的两个互动情景来说明这一点。

情景1:搭积木的喜悦

一个小男孩正专注地搭着积木。他的眉头微微蹙起,嘴巴稍稍噘着,显得十分认真。他一块一块地把积木小心翼翼地叠高,时不时低声自言自语:"这样可以,哦,不行,重来。"不久后,他成功地搭好了一座小积木塔。他站起来,小跑到正在沙发上看书的妈妈面前,声音里带着些许急切:"妈妈,你看,你看!"

妈妈放下书,转头看向他,眼睛微微睁大,嘴角扬起,语气轻快而明确:"哇,你搭得真棒啊!这积木塔真高呀!"小男孩咧开嘴笑了,开心地点点头,又小跑回去,重新坐下,继续玩积木。他伸手从积木盒里抓起新的积木块,继续搭建起来,动作变得更加投入,似乎被鼓励了。

情景2：面对挫折

几天后，小男孩正在玩积木。另一位小朋友牛牛也在旁边玩。小男孩搭出了自己满意的积木塔，但他发现小伙伴牛牛的积木塔比自己的高很多。他看了看牛牛的积木塔，又看了看自己的，心里涌上一种自己难以表达的情绪。他停下了手里的动作，走到妈妈身边，拉了拉她的衣角，小声说："妈妈，我搭得没有牛牛哥哥的好。"

妈妈低下身子，轻轻摸了摸他的头，语气平缓："牛牛哥哥搭积木的时间比你长，所以他现在比你厉害一点。你搭得也很好啊，只要多练习，慢慢地，你也可以像他一样，甚至搭得更好。"小男孩低头思索了一会儿，点了点头，转身走回去。他重新拿起积木，开始继续搭建，只是这次动作稍微慢了一些。

在这两个亲子相处的例子中，我们可以清晰地看到孩子正常自恋需要的满足。

首先是镜映的需要。小男孩在搭积木的过程中，通过妈妈的回应获得了对自己能力的确认。他对妈妈的表扬做出了积极的情绪反应，并且将这种满足感转化为新的动力，继续投入自己的"创造"。在小男孩因为积木没有牛牛搭得好而感到沮丧时，妈妈接纳了他的情绪，并没有因为他的"失败"而批评他，反而给予积极的鼓励，充分保护他的自尊。

其次是理想化与密友的需要。妈妈作为稳定的情感支持者，接纳小男孩的情绪，为他提供了安全的情绪环境。在母子共处的环境中，小男孩感受到了一种稳定而温暖的存在感，这不仅帮助他满足了对母亲理想化的情感需求（母亲是一个安全、可靠、有力量的人），也在亲密的相处中体验到了相似感和归属感。

当面对挫折（发现牛牛搭的积木更高）时，妈妈通过对现实的解释和对他努力的肯定，帮助小男孩缓解了挫折感。这样的回应不仅没有忽视他的情绪，还为他提供了情感支持和具体的行动指引，帮助他逐渐建立起面对不足时的心理调节能力。

在这种积极回应和适度挫折的过程中，一个人的自体状态逐渐变得健康且凝聚，形成了明确的雄心和目标，并受到合理的理想与价值观的引导。这类自体不再依赖于幼稚或夸大的自恋表达，而是通过成熟的方式展现自我，例如在学业或工作中的竞争力，提供有价值的产品与服务，或通过创造力与幽默感获得他人的认同和赞赏。

理想化的父母形象在儿童成长过程中，会通过一种被称为"转变性内化"的心理过程，逐步成为个体自身的心理结构。所谓转变性内化，是指儿童在成长中，将对外部支持和依赖的需求，逐步转化为内在的心理能力和自我调节功能。通过这一过程，个体不仅能够建立起自己的理想和价值观体系，还能在内心深处孕育出一种内在的力量感，支撑他们在面对生活中的困难和压力时依然保持稳定和坚韧。

科胡特指出，自恋的成熟发展不仅会提升个体的同理心，还能促进创造力、幽默感、活力以及智慧的成长，产生良好的自主感，并使个体更好地面对生活中的挫折和挑战。

病理性自恋是怎么形成的

同样的情景,如果母亲有明显的自恋型人格特征,她的心理状态及回应方式就可能会带给孩子心理创伤。

情景1:孩子寻求认可

一个小男孩正在地毯上搭积木。他全神贯注地把一块块积木叠起来,动作缓慢又小心。他的嘴唇紧闭,眼睛盯着手中的积木块,偶尔停下来观察一下整体结构。最终,他搭好了一座小积木塔,站起身,快步跑到正在玩手机的妈妈面前,说:"妈妈,你看,你看!"

妈妈头也不抬,一边刷手机,一边敷衍地说:"看到了,自己去玩吧,妈妈很忙。"小男孩站了一会儿,等不到妈妈的回应,垂着头转身往回走。他将积木塔一把推倒,没有再继续搭建。

情景2:面对挫折

几天后,小男孩和牛牛一起玩积木。牛牛搭了一座比小男孩更高、更复杂的积木塔。小男孩盯着牛牛的作品看了一会儿,又看了看自己搭的小塔。他低头摆弄着手中的积木块,最终起身走到正在看手机的妈妈身边,说:"妈妈,我搭得没牛牛哥哥好。"

妈妈叹了口气,不耐烦地说:"真是太丢我的脸了。你老是搭那些简单的东西,一点也不懂得挑战自己!"说完,妈妈板着脸,低头继续滑动手机。小男孩愣了一下,低着头慢慢走回积木旁边。他看着牛牛搭积木塔,自己却不想动手了。

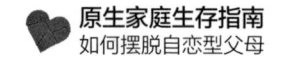

在第一个情景中,面对小男孩获得认可和关注的需要,妈妈情感冷漠的回应打断了孩子的期待,使得他的努力和成就没有得到确认。他随后表现出停止活动的行为(推倒积木塔并停止游戏),表明他在这一互动中未能感受到价值感和满足感,导致他内在的活力下降了。

在第二个情景中,小男孩已经觉察到自己的能力与牛牛有差距,并带着这种失落感试图寻求妈妈的安慰。妈妈的指责不仅忽视了他的情感需求,还将注意力集中在"能力和心态问题"上。这种对比性评价和否定让孩子感受到自己是"无能"和"有问题"的。孩子不再动手搭积木,表现出了其被指责后的无力感。

在这个过程中,小男孩的镜映需要(被认可、被理解)及理想化需要(母亲是一个情绪稳定、能提供安慰和支持的人)都没有得到满足。其密友需要也受挫了(母亲没有跟孩子在同一种心理状态中),跟这样的母亲相处,孩子会觉得孤独和不快乐。

如果这样的互动模式在儿童的早期发展过程中频繁发生,孩子的自体发育很可能受到阻碍。孩子的镜映需要难以得到积极的回应,他的自体无法发育成凝聚的、有活力的状态。同时,他外在的理想化父母形象无法通过转变性内化,成为调节自尊和情感挫折的心理结构。最终,孩子形成自体脆弱的状态,经常会有自体感的缺失及自体碎裂的恐惧,容易出现自卑、沮丧、空虚、惊恐、抑郁等消极体验。

为了防御自体脆弱的痛苦,有些孩子可能会形成代偿性的夸大感,认为"我是全能的,我能抵御任何挫折",并呈现出显性或隐性的自恋性夸大的幻想和行为。逐渐地,一个病理性的自体结构形成了，一端是病理性的夸大自体，另一端是病理性的脆弱自体。

自恋状态的差异反映了儿童在早期发展过程中，父母的情感忽视和缺乏共情的程度，以及儿童所经历的来自父母的利用。在亲子关系中，如果父母有自恋型人格特点，会经常采取在之后第二章介绍的操控性手段，比如情感忽视、制造好坏对立、嫉妒、贬低、三角关系操控等方式剥削孩子，那么，孩子的自体发育更容易出现病理性的变化，形成自恋性夸大、自恋性脆弱两个极端的自体形象。

病理性自恋研究者亚伦·平卡斯根据自恋性夸大、自恋性脆弱的具体呈现方式，区分了三种病理性自恋的状态❶。

1. 夸大型自恋

他们大部分时间里呈现出夸大状态，脆弱自体被压抑下去。这些人像戴了漂亮的面具，通过外显的傲慢、优越、权利感等，力图掩饰内在的脆弱。他们中的很多人符合 DSM-5 中自恋型人格障碍的诊断标准，但很少会寻求心理治疗，有些人会因为犯罪而出现在司法情景中。

2. 摆荡的自恋模式

自恋性夸大与自恋性脆弱的部分是交替存在的，当他们处

---

❶ 来自亚伦·平卡斯在"心浪潮 psyByond"举办的"四季论坛·重访边界"中的演讲："病理性自恋：评估和心理治疗"。

于夸大状态时，脆弱的部分被分裂出去，反之亦然。这些人往往被"空虚型抑郁"所折磨，经常感到空洞、匮乏、无价值，但缺乏悲伤。他们往往会被诊断为情感障碍（如抑郁症、双相障碍），但实际情况比情感障碍要复杂一些。虽然他们表现为脆弱、抑郁、社交回避等，但经进一步访谈会发现他们夸大的部分，比如特权感、不愿意承担日常责任、对人际关系的贬低、对他人的敌意，以及潜在的夸大幻想等。

3. 脆弱的自恋模式

他们外在表现出更多的脆弱状态（如抑郁、自卑、自我批评、社交回避），夸大的部分通常被掩盖起来。他们会因为情绪或自尊的困扰前来寻求心理治疗。他们同样被"空虚型抑郁"所折磨，即因为无法实现自己的夸大自体需要，感到内在完美的破灭所导致的抑郁。我在序言中提到的来自自恋型家庭的来访者，往往以这种模式居多。

病理性自恋深深植根于对夸大自体的满足以及对脆弱自体的保护。这种内在的驱动力几乎支配了他们的情感生活和人际关系，成为他们应对外界压力与内在不安全感的主要方式。正如酗酒者依赖酒精来暂时逃避内心的痛苦并维持情绪平衡一样，自恋者对外界的回应、赞美、认可以及理想化的投射有着一种难以克制的心理依赖。他们通过外界的反馈，尤其是积极的评价和崇拜，来维持内心的稳定感和一种主观上的"全能"幻想。

这种内在的脆弱和外在的依赖形成了一个恶性循环：他们越是感到自体的脆弱，就越需要通过外界的认可来弥补，但外界的认可终究是有限的,这种无法持久的满足又会加剧他们的自体崩解。这种状态不仅对他们自身是深刻的折磨,也会对他们的关系模式和生活方式带来显著的影响。

第二章
伤害的剖析：自恋者的 21 种情感武器

当自恋者成为父母之后，用于维系自恋型夸大、防御自恋性脆弱的两种动机自然会在亲子关系中有所呈现。孩子将承受自恋型父母的情感剥削和伤害，留下难以愈合的心理创伤。

自恋型父母：光鲜的外表，脆弱的内心

当我们提到自恋型父母时，并不意味着这些父母一定符合自恋型人格障碍的诊断标准。但他们或多或少表现出某些病理性自恋的特点，具有自恋性夸大与自恋性脆弱这两个核心特征。他们过分以自我为中心，将他人，尤其是自己的孩子，视为"自体客体"。换句话说，孩子被看作是满足父母自身自恋需求的一种工具，而非独立的个体。他们将孩子当作延伸自我的"投射屏幕"，以此来实现自己的价值、地位和情感需求。

更深层次地看，自恋型父母深信人与人之间的关系是一种交易或竞争，建立在利益的基础之上。在他们的世界观中，剥削和利用往往取代了爱、尊重和友善。他们不相信无条件的关怀与支持是真实存在的，因此很难向孩子传递健康、温暖的人际关系模式。更糟糕的是，他们经常通过自恋性操控的方式与他人互动，将自己不好的情绪和感受转嫁到孩子或他人身上，以维护自己的心理平衡。

需要注意的是，自恋的病理程度因人而异，其具体表现形式也丰富多样，并非所有的自恋者都会对他人造成直接伤害。但是，如果自恋型父母在亲子关系中表现出以下6种特征，则可能对孩子的心理健康和成长造成深远的负面影响。

强烈的嫉妒心

自恋型父母通常需要时刻感觉自己优于他人，以此来维持脆弱的自尊和表面上的自信。他们无法忍受别人比自己更成功、更受欢迎，甚至无法接受别人简单的幸福感或优点。这种嫉妒心既可以指向别人，也可能指向自己的伴侣或孩子。

艾艾的妈妈是个大美女，但她总是对艾艾说："打扮得漂亮有什么用，我是天生丽质，可惜你长得像你爸爸，只能好好读书，弥补不足了。"艾艾小时候从来不觉得妈妈这样说有什么不对，于是努力学习，从不对打扮上心。青春期后，艾艾越长越漂亮，渐渐有了妈妈的样子。爸爸虽然不经常在家照顾她，但是给她买了很多好看的衣服。一天，她换上了一件新裙子，在镜子面前欣赏自己。妈妈正巧瞧见，揶揄地说："小丑鸭终于长成白天鹅啦。你这裙子可真丑，也是，从小都是丑样子，长大了能有什么审美。"艾艾的好心情瞬间像气球一样破了，她恨不得立刻把裙子脱下来烧掉。

班级里许多女生都羡慕艾艾长得漂亮，时常夸艾艾。有位同学好奇地问艾艾："为什么你从来不打扮呢？你这么漂亮，打扮一下一定会'迷倒众生'的。"艾艾不知道怎么回答这些夸奖，她内心觉得自己并不漂亮，甚至有点丑，所以她总是尴尬地说："别开我玩笑啦，你们肯定看走眼了。"艾艾早早就把爱打扮的心思压抑下去，一直专注于学习，并希望通过学业成绩来补偿自己在容貌上的"自卑"。

在这个例子中，当母亲看到女儿变得爱打扮，外貌越来越出众时，她内心可能并不感到骄傲，反而会感受到一种强烈的威胁感。这种威胁感来自她害怕女儿的吸引力会超过自己，抢走她认为属于自己的关注与认可。于是，她以贬低的评价打压了孩子对美的渴望，让原本漂亮的女儿对自己的外貌严重缺乏信心。

强烈的嫉妒心不仅让自恋者难以接受周围人取得的成就，也让他们无法坦然接受别人的帮助。在口口相传多年的民间故事中，我们甚至可以看到极端自恋者更具伤害性的嫉妒。

以童话《白雪公主》为例，邪恶的皇后是典型的病理性自恋者：她每天都要通过魔镜确认自己是"世界上最美"的人，实际上这是她在用虚假的优越感来掩盖内心的自卑。当白雪公主的美丽逐渐超越她时，镜中的真相撕裂了她的心理防线——白雪公主的纯洁之美让她看到了自己衰老和空虚的现实。她对"完美形象"的执着变得失控，这迫使她把嫉妒转化为恶行，派猎人去杀害白雪公主，甚至伪装成巫婆递上毒苹果。这一切本质上都是试图消除那个让她的夸大自体崩溃的"对照物"。

强烈的羞耻感，但缺乏内疚的能力

羞耻感和内疚感是两种不同的情绪体验，其区别在于情绪来

第二章
伤害的剖析：自恋者的 21 种情感武器

源和内在机制的不同。内疚感通常来源于内在超我的批评，是个体在违背社会道德或伦理准则后，对自身行为的不满与责备；而羞耻感则更多与自我形象相关，是个体在自身缺陷、错误或"不完美"被他人发现时产生的深刻情绪反应。

对于自恋者而言，羞耻感是一个非常深刻的情绪核心，而内疚感却通常缺席。这是因为，自恋者在成长过程中未能很好地实现超我的成熟。他们的超我尚未发展到足够复杂和道德化的层次，因此缺乏对自身行为的深层反思能力。当他们的错误或不完美被发现时，他们会体验到强烈的羞耻感，但如果没有被揭露，他们往往不会感到内疚。这种情绪机制使得他们在与他人的关系中容易做出冷漠、伤害和道德缺失的行为。

一位父亲带着他的儿子和女儿走进商店。他径直走向玩具区，熟练地挑选了一辆遥控车递给儿子。儿子接过玩具，兴奋地抱在怀里，一边笑着一边拉着父亲的手表达感谢。父亲蹲下来，拍了拍儿子的肩膀，语气温和地问："还想要什么吗？爸爸给你买。"在整个过程中，他很少看向站在一旁的女儿。女儿手里捏着一块皱巴巴的糖纸，低头站在父亲和哥哥的旁边。父亲在结账时没有回头看她，只是随口说了一句："走了，别乱跑。"

在这个情景中，这位父亲不自觉地制造了好坏对立，在情感上完全忽略了女儿，根本没有在意女儿的沮丧和尴尬，而且，他对自己的行为没有任何内疚。

自恋者其实有严重的羞耻感，他们会为自己本身感到羞耻，这是他们潜在的自体脆弱状态。每当他们的羞耻感被触发时，他们就会启动心理防御机制（详见第六章）：以投射、贬低、分裂，

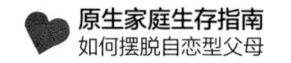

以及暴怒的方式，把这些脆弱和糟糕的感觉"扔给"别人。这是导致他们在关系中伤害他人的重要原因之一。

在前面沈女士与儿子的例子中，当儿子竞赛失利时，沈女士内心崩溃了。为了防御自卑感与羞耻感，沈女士通过发脾气、贬低、道德绑架等方式，将这些感觉释放到孩子身上，让孩子感觉自己做得非常糟糕。如果孩子长期受到这样的对待，就会留下自尊的伤口。

同理心薄弱

同理心（Empathy），顾名思义就是"同情他人之感"，即能够理解和感知他人情感、想法和需要的能力。心理学家丹尼尔·戈尔曼将同理心视为情商的重要组成部分，认为它不仅是一种情感能力，更是一种社交智能。它能够帮助我们感知他人的情感，并据此做出恰当的回应。

自恋者明显缺乏同理心。他们可能对情感的感知能力存在障碍，或者只具备认知共情（能够识别他人的情感），但缺乏情感共情（感同身受的能力）。他们很难真正理解他人的情感，也难以自然地表达同情、怜悯，或提供恰当的关怀与帮助。对于别人因为他们而产生的委屈、难过或愤怒等情绪，他们经常的感觉是"莫名其妙"，或者愤愤不平，认为是对他们的攻击，而完全无法共情对方的痛苦。

小王的父亲经常在心情不好时冲儿子发火。有一次，小王与他的伙伴在小区花园里玩，父亲突然跑过来，手指着他，语气严厉地指责道:"整天就知道玩,对学习一点也不花心思!赶紧给我回家!"小王低着头,双手紧抓着裤边,默默地走回家。他的同伴们站在不远处,低声交谈,目送着他离开。

第二天,同伴中有人试探性地问:"昨天没事吧?"小王摇摇头,低声说:"没事。"随后快步离开,背影显得有些僵硬。渐渐地,小王不再主动找同伴玩耍,因为他越来越觉得在同伴面前抬不起头。他总是一个人待着,偶尔远远地看着别人玩闹,但当有人朝他招手时,他只是摇摇头,然后转身离开。

这是一位缺乏同理心的父亲,他全然不顾孩子的自尊需求,经常当着孩子同伴们的面训斥他。随着时间推移,小王逐渐变得自卑和沉默寡言。他内心虽然对父亲充满愤怒和痛恨,却因惧怕父亲的威严而不敢反抗。内心的压抑让他越来越不愿面对自己的同伴,逐渐形成自卑情结。

自恋型父母由于缺乏同理心,常常伤害孩子而不自知。例如,他们习惯将孩子与别人家的孩子进行比较,认为这是在"激励"孩子。当孩子因为这些比较感到委屈和愤怒时,自恋型父母反而会变得更加恼火,认为孩子过于脆弱,无法承受这样的压力——吊诡的是,如果这些父母自己被拿来作比较,他们往往会暴怒不已。此外,自恋型父母还倾向于对孩子进行频繁的说教与讲大道理,而对孩子表现出的排斥和厌烦毫无察觉,这进一步加深了亲子关系中的情感隔阂。

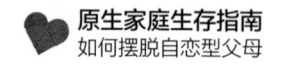

剥削的倾向，持续需要自恋供养者

自恋者通常需要通过自体客体——提供情感支持、满足关注和赞美需求的一种工具，来维持自体的稳定。这种需求就像一个永远无法填满的黑洞。对于自恋型父母来说，孩子就成为不得不给他们提供无条件情感支持的人。

自恋型父母像吸收能量一样，索取孩子的情感和精力。比如，要求孩子足够优秀，以给他们"长面子"。或者不断地暗示孩子成年后要孝顺自己，提供经济支持及情感上的随时陪伴。这些父母还经常会把自己的愤怒、委屈等负面情感向孩子倾诉，让孩子成为他们的"情绪容器"。

有些自恋型父母具有一种"寄生"的特质，他们并不通过自己的能力维持生计，而是依赖家庭成员的无条件照顾。这类父母通常将自身的需求和欲望置于家庭的中心，经常让其他成员为其服务。

李先生没有稳定的工作，靠着在工地间辗转和打零工维持生计。由于收入微薄，成家后家里也是冲突不断。妻子一边埋怨他没本事，一边把期望放在唯一的女儿身上。

李先生多年来一直向女儿抱怨自己的辛苦与不易，他总是说："我每天累死累活都是为了让你读点书，带我们全家都过上好日子啊！"可是李先生赚的钱其实仅仅够温饱，女儿既不能上兴趣班，也不能参加夏令营。高考报志愿时，李先生劝女儿报师范学院，说："出来做老师，好早点嫁人。"事实上，李先生对女儿的幸福毫不在意，只顾早日过上被伺候的生活。女儿一上大学，他就断了她的生活费，让孩子去做家教"锻炼"自己。女儿赚到第一笔钱,他就旁敲侧击地让她"感恩"。到女儿大学毕业找到工作后,才五十岁出头的李先生就决定"退休"了。他每个月都向女儿索要生活费,美其名曰"孝顺费"。

李先生在自己的婚姻中,也表现出类似的模式。他将自己的娱乐爱好与社交活动置于家庭责任之上,没有钱给家里换灯泡,但烟、酒却是一天都不能缺。他不愿承担任何实质性的家庭责任,认为做家务和带孩子就是妻子的责任,他只要给钱就行了。事实上,他对家庭的经济贡献也少得可怜。李先生妄想一夜暴富,曾盲目相信朋友的投资建议,结果把妻子的陪嫁都给赔光了,给家庭造成了沉重的经济压力。他不但没有意识到自己的错误,反而继续沉迷于自己的世界,毫无悔意。

在这个例子中,李先生不仅在与子女的关系中选择了"索取"的姿态,在婚姻关系中更是如此。他无视家庭成员的感受和幸福,将家庭的支持视作理所当然,而这一切的代价,最终都由他的妻子和女儿承担。这种"自恋供养"的行为,使得整个家庭深受其害。

自恋性暴怒与自体碎裂

由于自体的发育存在缺陷,自恋者高度依赖外界的认可和赞赏来维持一种夸大自体的感觉,当外界的支持(例如赞美、认同、欣赏)消失时,或者他们被批评、评价和质疑时,他们的夸大自体感将瞬间崩溃,这时,原本隐藏在夸大自体下的脆弱感迅速浮现,个体面临"自体碎裂"的风险。自恋性暴怒的出现,就是在这种自体面临崩溃的情况下,个体试图通过愤怒和攻击来捍卫自己的脆弱自体。

小杰的爸爸小时候家境贫寒,长大后通过自学上了大专,与妻子一起打拼多年,在城市中站稳了脚跟。他的生活经历让他产生了这样的想法:"失败都是因为自己不够努力,越是打压孩子就越能让孩子成长。"

在一天晚饭时,小杰的爸爸照例倒了一杯红酒佐餐。两口酒下肚,酒意还没有生出来,他就又开始讲述自己的发家史和奋斗艰辛。小杰过去总是"逆来顺受",因为他知道如果顶嘴自己只会遭殃。不过小杰最近看了一些心理学方面的书籍,认为自己了解了父母的心思。还没有等父亲说完在农村务农的艰辛生活,小杰开口说:"你们那一辈的人都是那么辛苦,我同学的老总爸爸当初……"还没等他说完这句话,父亲已经重重摔下了酒杯。

"你什么意思,他爸爸是老总,我只是个臭打工的是不是!我打工也让你过上了好日子,你有什么不知足的……"

"我没有不知足,我的意思是……"

"你的意思?你是不是觉得那个时候人都是这么辛苦,所以我的成功就是信手拈来的?"

"我没这么说……"小杰的手开始微微颤抖了。

小杰的妈妈赶紧过来给爸爸顺气,眉头紧皱地瞪着小杰:"你就是身在福中不知福,白眼狼,要不是我们这么辛苦地打拼,你能有现在的好日子吗?看把你爸爸气的。"

"我当初白手起家,穷的时候跟流浪汉抢过被子,你如今条件这么好,做出什么成绩了!以为考上大学就翅膀硬了,开始看不起我们。我看你就是给惯的，不苦一苦不长记性……"爸爸的言语就像鞭子一样不断抽打着小杰，直把他的脊背打得弯了下去。

最后，爸爸总结陈词："下个月的生活费减掉一半，你自己出去打工养活自己，让你也体验一下生活的艰辛。什么时候你知道我们的不容易了，什么时候你再来给我们道歉。"

小杰不再讲话了，他默默地吃着饭。整个餐桌的气氛变得格外安静，只剩下碗筷轻碰的声音。

在这个例子中，我们不难发现，这对父母都有自恋问题。孩子的委婉反抗和质疑被他们视为一种否定和批评，这触发了他们的自我保护机制。他们无法接受自己在育儿方面可能存在问题，羞辱感随之而来，于是通过暴怒和指责来掩盖内心的不安。

自恋性暴怒的表现形式多种多样，取决于个体的性格特点以及外界刺激的强度。它既可以是**向外的攻击**，如对他人的愤怒、谩骂、威胁，甚至是身体暴力；也可以表现为**向内的攻击**，即对自己的强烈自责、抑郁或自我贬低。

自恋性暴怒的核心在于防御性，它是自恋者为了维护脆弱自体的完整性，防止自体彻底瓦解的一种极端反应。然而，这种愤怒并不能真正解决自体的脆弱性，反而加剧了个体的人际冲突和内心的孤独感。此外，自恋性暴怒背后还有一种"惩罚"他人的愿望。因为自恋者认为，正是外界的否定或批评导致了自己的痛苦，因此他们需要通过攻击或贬低他人来"惩罚"那些让他们感到脆弱的人。

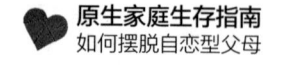

施虐与受虐

在一些更为严重的情况中，施虐与受虐的倾向可能表现得尤为明显。这种行为并非偶然，而是源自自恋者内心世界的极度空虚和无意义感。尽管他们的外表可能光鲜亮丽，甚至看似自信满满，但实际上，他们的内心世界并未建立起由"好客体"组成的稳定支撑系统。为了逃避这种内在的空虚感，他们可能通过施虐或受虐的行为来寻求刺激，试图以这种方式填补心理上的深渊。

一天晚上，一位女子正在房间里处理工作上的事情，手机屏幕亮了又暗，连续几条来自母亲的消息弹了出来："你今天怎么样？是不是太忙了都顾不上我？""妈妈只是关心你，给我回个话好吗？""我打电话过去了，为什么不接？"消息间隔很短，语气越来越急切。

女子放下手头的工作，长叹了一口气。她知道母亲并没什么事，只是要求自己听她抱怨。她只有两个选择，要么接起电话听母亲至少一小时的唠叨，要么跟母亲大吵一架。

她快速地回了一句："我很忙。"她将手机调成静音模式，把它反扣在桌子上，试图继续工作，但已经没心情了。没过几分钟，手机又震动起来。女子皱起眉头，看了一眼屏幕，停顿了一下，最终还是接了起来。电话里传来母亲略带焦急的声音："你为什么不接我的电话？是不是出了什么事？还是你对我有什么不满？"母亲的语速很快，声音中透着一种紧张的情绪。

"我刚才已经说了，我很忙，"女子的语气有些疲惫，语调压低了一些，"你能不能等我忙完再联系？我……""忙？你每天到底在忙什么？"母亲打断女儿的话，声音拔高了，带着明显的质问，"妈妈只是关心你，想跟你说说话，这么简单的要求你都不愿意答应？难道我是外人吗？"

"我没有时间跟你争这些。"女子大吼了一声，随即挂断了电话。她靠在椅背上，闭上眼睛揉了揉太阳穴。然而，几分钟后，手机再次震动，屏幕上显示母亲的名字。女子没接，随后一条语音消息发了过来。母亲的声音中带着哽咽："我是不是做错了什么？你这么对我，是不是不想认我这个妈妈了？"语音的最后传来一声长长的叹息。

这样的互动场景几乎已经成为日常，母亲从未真正尊重女儿的想法，而是始终要求女儿无条件地服从她。母亲在这种关系中表现出明显的施受虐倾向——倾向于通过控制和操纵来获得情感上的满足，同时又让自己陷入痛苦的境地。尽管女儿多次明确表示拒绝，母亲依然不肯放手，继续强行介入女儿的生活。即使女儿愤怒地怒吼，母亲也毫不让步，仿佛她的行为并未触及女儿的底线。

母亲的纠缠行为表面上看起来像是"对孩子的爱和关心"，实际上却源于对自身失败的愤怒和恐惧。这种愤怒既指向女儿，也指向自己——母亲无法接受女儿成长为一个独立个体，同时也对自己的无力感深感痛苦。于是，这种内在的情绪冲突转化为一种施虐与受虐交织的复杂感受。母亲以"关心"为名进行纠缠，但每一次纠缠又让女儿感受到更多的伤害和愤怒。

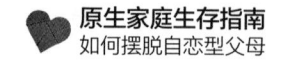

自恋型父母伤害孩子的 21 种常见方式

自恋性防御（Narcissistic Defenses）指的是个体在自尊受到威胁时，借助各种心理防御机制来维持自我形象和自我价值感。自恋者经常使用这些防御机制来应对外界的批评和挫折，并提升自己的自我形象。常见的自恋性防御方式包括否认、夸大、幻想、投射性认同、理想化与贬低、投射等。在本书第六章中，我们会详细介绍自恋者常用的几种心理防御机制。某些自恋性防御方式具有人际操控的特点，容易对身边的人造成伤害。

在这一节中，我们将从通俗易懂的角度，系统总结自恋型父母在情感上对孩子造成伤害的 21 种常见方式❶。这些方式的核心动机依然围绕着两点：一是满足夸大自体的需求，二是防御自恋性脆弱。在这两种动机的驱使下，自恋型父母结合他们的"聪明才智"，发展出形式多样的操控方式。

其中，特权感、面子工程、扮演完美父母，这些行为更多地体现了他们自恋性夸大的需求。他们渴望通过营造光鲜的外表来赢得他人的欣赏与认可。嫉妒与破坏、贬低与挑剔、永远不承认错误，这些行为则反映了他们对内在的自恋性脆弱的防御。他们拒绝面对自身的脆弱和无能感，通过将这些感受投射到他人身上来保护自己。其他多种操控方式也都涉及情感操纵与不良心理防

---

❶ 部分内容参考了拉娜·阿德勒的文章：《33 个迹象表明你有自恋的父母：终极清单》(*33 Revealing Signs You Have a Narcissistic Parent: The Ultimate List*)。

御机制的使用，背后深层的动机依然是寻求自恋性夸大和防御自恋性脆弱。

方式1：特权感

自恋型父母常有一种特权感，他们自认为与众不同，理应获得超越他人的特殊待遇。这种特权感更容易在亲近的关系中呈现出来。

有特权感的父亲往往拥有某种专属地位，例如家中的某个物品或空间是"专属于他"的，其他人不得轻易触碰。如果有人无意间使用了这些物品或空间，往往会遭到严厉训斥。此外，父亲的言语被视为绝对权威，孩子们必须无条件服从他的命令，因为他"永远不会错"。质疑父亲的意见是不被允许的，孩子们必须时刻按照他的标准和期望行事。自恋型父亲还可能借助一些传统文化观念，如"一家之长"或"父为天"等，来进一步强化其特权地位，不允许任何反对声音。

自恋型母亲的特权感则更倾向于通过情感操控和身体状况表现出来。她们常通过抱怨身体不适，或声称患有难以痊愈的慢性病，来赢得家庭成员的同情和特别照顾，控制家人的行为和决定。除此之外，她们也常强调自己在家庭或婚姻中的牺牲和痛苦（扮演"完美受害者"），利用这一点来获取情感上的优待和顺从。

如果父母双方都具有这种病理性自恋的特质，整个家庭会陷入持续的权力斗争中。父母可能因争夺特权地位而不断发生冲突，孩子们也可能模仿这种争斗方式，通过生病或其他手段去获取特权。这样的家庭充斥着紧张和斗争,彼此之间缺乏合作与关心,家庭成员之间经常互相"表演",并没有亲密的情感联结。一旦遇到什么变故,就容易分崩离析。

方式2：面子工程

自恋型父母往往极力维护一个"完美"的外在形象,渴望在人前显得无懈可击,这种包装过的表象是他们自恋性夸大需要的体现。

这些父母常常通过各种途径彰显自己的优越感。例如,他们可能通过购买豪宅、名车和昂贵的品牌服饰来炫耀财产与地位。他们也经常会在众人面前暗示自己家很有钱,以博得周围人的羡慕。或者,有些人在人际交往中也表现得异常热情,甚至对他人的需求随叫随到,借此获得他人的赞誉和认可。但他们的热情只针对那些"有用"的人,当对方没有利用价值时,他们会迅速翻脸。

孩子的成就也成了他们用来维持"完美"形象的资本。他们会不遗余力地炫耀孩子的优秀表现,夸大孩子在学业或其他方面的成功,不停地向他人展示孩子的奖项和进名校等成绩。当孩子表现不如人意时,这些父母会极力掩盖孩子的缺点,害怕真实情况会损害他们精心打造的完美家庭形象。

此外,自恋型父母喜欢吹嘘自己或家族的成就,他们乐于讲述夸大的故事,目的在于赢得他人的羡慕和钦佩。如果他们无法在物质或社会地位上获得期望的成功,他们可能会"深居简出",避免社交,并幻想某一天能够飞黄腾达。

在这种家庭氛围中，孩子会感到极大的压力，不仅要维护父母的好形象，还要承受来自父母的苛责和羞辱。这会严重影响孩子的自我认同和自尊发展，孩子成年后也容易出现人际关系的问题。

方式3：扮演完美父母

自恋型父母往往通过扮演"完美父母"的角色，营造出自己深爱孩子的假象。比如，他们经常向外人提及自己为孩子付出了巨大的精力和财力，也会通过一些外在的行为来衬托自己的完美。这种假象不仅容易蒙蔽周围的人，也会让孩子误以为自己得到了父母的关爱，导致孩子在成长过程中感到困惑和压抑。

电影《涉过愤怒的海》中，父亲老金（金陨石）从事远洋捕捞。他长期漂泊在海上，冒着生命危险为家庭提供经济支持。他挣来的钱大部分用于女儿娜娜（金丽娜）的成长，包括供她出国留学。在朋友眼中，老金似乎是一个"完美的父亲"。但老金的妻子受不了他的冷漠，早早地与他离了婚。离婚后，老金在与女儿相处中也显得疏离，他少言寡语，表情常常显得严肃而疲惫，很少会露出笑容。他经常长时间在外捕捞，让女儿一个人留在家里。

娜娜在日本留学期间不幸去世后，老金急匆匆飞往日本，开始了一场寻找凶手的复仇之旅。在追查过程中，他四处奔走，克服重重困难寻找真相。然而，随着调查的深入，老金发现，女儿的死因并非他人所为。在女儿的房间里，他看到一张张显得孤单的照片和未完成的日记。最终，他得知娜娜长期受到抑郁和空虚

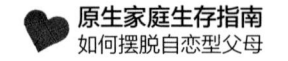

的困扰，以自杀的方式结束了自己的生命。

尽管老金在经济上为女儿提供了充分的支持，并且在她去世后表现出强烈的"责任感"，但影片通过一系列细节揭示了他对女儿情感上的忽视。他从未真正理解女儿的内心需求，也很少给予她情感上的关怀和支持。他更关注的是自己的事业，自己的完美形象，而不是身边人的感受。这种缺失让娜娜在成长中感到孤立无援，最终陷入了深深的抑郁。

老金在情感上对女儿的忽略，让我们不得不怀疑，老金义无反顾地追查凶手，只是为了证明自己对女儿的"爱"，并维护自己"完美父亲"的形象。影片中他对警官说的那句话充分暴露了他的这一特点："我金陨石的闺女被祸害了，这是个笑话你知道吗？"这句话的意思是："竟然有人敢动我的闺女，这怎么得了？"他更多的是为了维护自我的形象。一个爱孩子的父亲可能会这样说："女儿，爸爸一定会为你报仇！"

这一情节正是许多自恋型父母的真实写照。他们自以为给予了孩子大量的爱，实际上这种所谓的"爱"是孩子根本不需要的。这种爱并不是为了孩子的成长和幸福，而是为了展示自己作为父母的"完美"和"伟大"，用以获取外界的认可和赞美。这种虚假的关爱不仅无法满足孩子的情感需求，反而让他们在内心深处感到孤独、困惑和抑郁。

方式4：贬低与挑剔

自恋型父母常常通过持续性的贬低和挑剔来维护他们的优越

感和自我认同。他们制造出"我是对的，你是错的"的局面，以此强化自己的权威感，同时掩饰内心的脆弱与不安全。

在与孩子的互动中，这类父母经常否定孩子的思想和观点。当孩子表达自己的看法时，自恋型父母可能会冷冷地回应："你怎么可以那样想？"在情感上，他们还常常采用羞辱的方式来削弱孩子的自尊心，譬如指责孩子太任性，"难怪没有人喜欢你"。

自恋型父母的挑剔不止于此。他们还会将自己内心的失望投射到孩子身上，常常说"你为什么总是让我失望？"这种话，让孩子感到自己是父母情绪低落的根源，产生巨大的内疚感。此外，父母还会通过与他人的比较来让孩子感到自卑，质问他们为什么没有达到某个同龄人的水平。

当孩子的成功可能威胁到自恋型父母的主导地位时，他们会通过挑剔的方式来表达嫉妒。举例来说，一位女大学生成功主持了一次社团活动，克服了许多困难并圆满完成任务。当她兴奋地与母亲分享这一成就时，母亲不仅没有表示鼓励，反而开始挑剔活动中的细节，并提出诸多所谓的改进意见。这种反应让女生从最初的自信和喜悦转变为自卑与失落，因为她期待的肯定和支持被无休止的评价所取代。

方式5：嫉妒与破坏

对于自恋型父母而言，孩子的成功一方面让他们高兴，因为这满足了他们的自恋，另一方面唤起了他们的嫉妒心，甚至让他们不惜去破坏孩子好的发展。自恋型父母的嫉妒在前面已

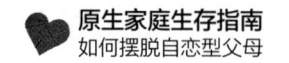

有所涉及，这里更详细地呈现了亲子关系中广泛存在的嫉妒与破坏。

例如，当孩子正在专心学习时，一位母亲可能会用各种方式打断孩子的专注。她可能不时给孩子倒水、送水果，或安排一些琐事。这种表面的关心，实则可能是嫉妒心理的体现——孩子专注、安静又不需要她的状态让她感到自身的不重要，并由此感到不安。

更为严重的是，自恋型父母常常会破坏孩子与外界的关系。他们可能蓄意切断孩子与祖父母、外祖父母等亲人的联系（包括在孩子面前说他们的坏话），干扰孩子与朋友的友情。如果孩子来做心理咨询，父母也常常贬低咨询师的专业性，或逼迫孩子频繁更换咨询师，阻断外界对孩子的支持与帮助。

有些父母几乎从不夸奖孩子，即便孩子取得了好的成就，或者外貌出众，父母也极少给予直接的称赞。比如，如果儿子在事业上超过父亲，父亲可能会说出酸溜溜的讽刺话，如："你取得这些成就，还不是因为我。"

父母甚至会嫉妒成年后孩子的伴侣，试图离间孩子与伴侣的关系。而当孩子的婚姻出现危机时，这些父母不但没有同情，反而幸灾乐祸，将孩子的不幸到处宣扬。另一种嫉妒的表现是在家庭团聚的节日里，本应其乐融融的氛围中，自恋型父母却无故制造事端，因为他们嫉妒其他家庭成员的和谐关系，无法忍受自己被忽略或边缘化。

方式6：制造好坏对立

自恋型父母往往表现得自大傲慢，似乎充满了自信，但实际上，他们内心深处常常缺乏价值感和安全感。为了应对这种内在的冲突，他们习惯使用投射的防御机制，将自己理想化的完美形象和内心感到糟糕的部分投射到周围的人，尤其是自己的孩子身上。

在多子女家庭中，表现优秀的孩子被父母视为"金童玉女"，承载着他们对夸大自体的投射；而那些无法满足父母期望的孩子则被打上"替罪羊"的标签，承受父母内在脆弱部分的投射。

独生子女可能同时承载父母的夸大部分与脆弱部分的投射。当孩子表现优异时，父母会通过炫耀孩子的成就来满足自己的虚荣心，这会导致孩子从小形成虚幻的高自尊感。而当孩子无法满足父母的期望时，父母的反应则更加极端。他们可能表现出强烈的失望和愤怒，甚至通过情感、言语甚至身体上的攻击来表达他们的不满。

在这种模式中，父母经常拿"别人家的孩子"来贬低自己的孩子，制造出一种永远达不到标准的心理压力。他们将别人家的孩子视为完美榜样，而自己的孩子则被认为一无是处。这种比较实际上反映了父母自身内在世界的分裂：他们未能将内心的好坏整合为一体，因而只能通过投射来平衡内心的冲突。

自恋型父母制造"好坏对立"的机制不仅体现在子女教育上，也贯穿于他们与他人的互动中。他们常常过度理想化或贬低他人，把世界简单地分为"完美无缺的好人"与"毫无价值的坏人"。他们可能将某些亲戚、朋友或权威人物理想化为榜样，鼓励孩子去模仿；而与之对立的人，则被视为负面的存在，甚至阻止孩子与这些人接触。

此外，在家庭内部冲突中，自恋型父母会逼迫孩子在情感上站队。他们让孩子觉得，只有无条件顺从父母，才是"好孩子"；而任何反对、质疑或不服从的行为，都会被视为背叛。这样的操控让孩子在道德上感到负罪与内疚，难以自由表达自己的感受。

自恋型父母还常以道德批判的方式来强化"好坏对立"，将自己的观点视为绝对正确，而孩子的不同想法或行为则被视为完全错误，毫无价值。他们会塑造一种极端的对错观念，强化孩子对"好"的顺从与对"坏"的畏惧。

方式7：招募"帮凶"操控孩子

有些自恋型父母往往具有出色的表演能力，他们不仅运用各种心理策略来操控孩子，还会巧妙地操控周围的人。

丽丽有时候觉得母亲是最强大的靠山，有时候又觉得她是最铁腕的暴君。母亲总是能够解决丽丽遇到的一切问题，小到下雨忘记带雨伞，大到搞定市交响乐团的入队名额。但丽丽有时候也会在母亲的"严格控制"之下感到窒息。母亲会规定丽丽每餐吃什么食物、吃多少，完全不顾及丽丽爱吃不爱吃。母亲认为："这些都是好东西，又健康又贵，不想吃就是矫情、不识好歹。"事实上，父亲也不喜欢吃母亲煮的饭，但他不敢反驳，只有一次嘲弄地说："你妈妈做的饭还是营养均衡的。"母亲还会规定丽丽的做作业方式，逐张检查试卷，把丽丽的错题归纳成错题本，而且常常和老师沟通丽丽在学习上的问题。丽丽不仅学习日的晚上要上各种兴趣班，周末也不能参加任何不在母亲"规划"中的活动。如果某次考试的成绩低于母亲的预期，丽丽就要做自我检讨……

与此同时，母亲总是在亲戚面前诉苦，说自己对丽丽有多好，"苦着自己也要把最好的都给孩子"。亲戚朋友们总是在丽丽的面前夸她的母亲，让丽丽有苦没处说。从表面看，丽丽生活富足，学习成绩优良，但她感觉自己内心特别空虚。她时常觉得孤独，没有办法和母亲分享自己的不开心。因为她每次一开口，母亲就会说："想这么多干什么，只要你成功了，之后想干什么都可以。"

在外人面前，丽丽的母亲总是热情、开明的，言谈举止之间充满魅力。讲述家庭中的事情时，她总是自我解嘲，似乎丽丽总是给她惹麻烦，不让人省心。她没有讲述的另一面是，正因为她的规定太多而体谅太少，所以丽丽一直压力重重、郁郁寡欢。

某天，丽丽鼓起勇气向一个信得过的亲戚提起她对母亲的愤怒，眼中充满了得到理解的渴盼。她小心翼翼地描述着母亲的控制行为和冷漠的态度，但亲戚只是轻轻皱了下眉头，然后叹了口气："据我所知，你妈妈其实很不容易，你应该多体谅她，别再不懂事了。"丽丽的脸色有些苍白，嘴唇微微颤抖，她感到一股沉重的无力感，并不断地冒出自我怀疑的想法："难道真的是我太敏感、太脆弱了？"

在家庭中，自恋者与帮凶往往相伴相生，自恋者肯定会去寻找帮手，以增强自己的力量。他们身边的帮凶通常有三种类型：

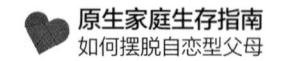

第一种帮凶是自恋者的亲戚或朋友。由于深入接触不多，他们容易被自恋者的表象所欺骗。一旦他们了解真相，态度就会有所转变。

第二种帮凶本身也有自恋型人格的特点，他们既是帮凶也是施虐者。他们往往是自恋者的伴侣，如果孩子不幸生活在父母都很自恋的家庭中，往往会经历极端抑郁和孤独的童年。

第三种帮凶缺乏自我力量，有受虐倾向，根本没有保护孩子的力量和勇气。他们往往是自恋者的伴侣，如果不站在自恋者一边，他们自身也会成为被伤害的对象，于是，他们对于孩子的求助经常毫无作为。

我们可以想象在自恋型父母及其帮凶组成的人际环境中，幸存者的无助与愤怒。远离家庭是他们很早就有的渴望，很多幸存者在成年后会选择出国留学，去离家远的地方读书、工作。只有充分地远离自恋型父母，他们才会感到安全和自由。

方式 8：道德绑架

道德绑架是自恋型父母惯用的操控手段之一。他们时常以孝顺为借口，暗示甚至直接要求子女满足他们的期望和要求。在重男轻女的家庭中，女儿尤其容易成为这种操控的对象。她们往往在父母的道德压力下，被迫承担许多本不属于自己的责任和义务。

在电视剧《欢乐颂》中，樊胜美出生在重男轻女的家庭中，总是被父母要求为家庭的种种问题买单。她哥哥买房子的首付款、贷款，包括生个孩子都得她来出钱。每当家里出现经济困难,父母都会毫不犹豫地打电话给她,要求她出钱。樊胜美虽然内心抗拒,但每次只能在低头深吸一口气后答应帮忙。

尽管她多次出手相助,但从未得到父母的理解和关心。在父母眼中,樊胜美仿佛是一个随时可以支取的"提款机",家中的所有难题都被推给了她。当她试图拒绝父母的要求时,电话那头的母亲会语调拔高,责备她:"你这样做还有没有良心?家里就指望你了!"樊胜美听到这些话时,虽然心里想反抗,但经常只能低声说:"我再想办法。"

樊胜美的经历展现了一个被家庭责任压得喘不过气的角色。她不仅被迫承担了超出自身能力范围的责任,还遭遇了来自父母的情感绑架和道德指责。在这种家庭模式中,子女往往被工具化,个人需求被忽视,导致他们在亲情中既感到失望又难以挣脱。

自恋型父母经常会用如下的言语和行为对孩子进行道德绑架:

- "我们这样辛苦地打拼,还不是为了你?"
- "你作为老大,理应为我们分忧,怎么还那么贪玩,只顾自己不顾弟弟妹妹?"
- "我们这些年容易吗?你却一点也看不到。"
- "妈妈生了这么重的病,你再不好好学习,真的对不起我。"
- "你奶奶针对我,你外婆也不喜欢我,你再不好好听我的话,我真的太伤心了。"
- "你经常惹我生气,我气得心脏病要发作了。"

在道德绑架的影响下,孩子可能会形成一个过于严苛的超我,让他们无法去享受美好的生活。他们总是担心自己的行为是否符合父母的期望，是否会让父母失望或生气。这种内心的挣扎和冲突，让成年后的孩子无法真正地放松和享受生活的乐趣。

方式9：煤气灯操纵

"煤气灯操纵"是一种极具操控性和欺骗性的心理手段，通常通过扭曲受害者对现实的认知来达到控制目的。操控者通过长期灌输虚假、片面或误导性的信息，逐渐让受害者怀疑自己的记忆、判断和精神状态，最终掌控他们的思想和行为。

这个术语源自1944年的经典电影《煤气灯下》(*Gaslight*)。少女宝拉继承了一笔巨额遗产，与英俊的安东结婚后，开始了新的生活。然而，婚后不久，宝拉逐渐发现了一些奇怪的事情。家中的煤气灯时常忽明忽暗，光线变得暗淡时，她不由得问安东是否也注意到了。安东总是露出疑惑的神色，平静地回答："没有啊，是不是你看错了？"他的语气轻柔，带着关切，仿佛是在安慰一位过于敏感的人。

一天晚上，宝拉发现一些她经常使用的小物品突然不见了，比如针线盒和一条项链。她在房间里四处寻找，心情变得焦躁。安东走过来，语气低沉却带着质疑："你是不是最近太累了？这些东西一直放在那里，你怎么会记错？"他说话时眉头微蹙，眼神中夹杂着怜悯和怀疑，像是在面对一个不可靠的叙述者。

随着时间推移，类似的事情越来越频繁。煤气灯持续忽明忽暗，物品消失得更加诡异，安东对宝拉的态度也发生了微妙的变化。他时常在朋友面前提道："宝拉最近有点不太对劲，总是丢三落四。"他的语气看似无奈又充满担忧,朋友们听后也纷纷投来复杂的目光。

宝拉开始怀疑自己是否真的出了问题。她的脸色变得苍白,手指不安地绞在一起,目光游离不定。一天,她鼓起勇气对安东说:"我是不是哪里真的不对劲?最近的事情……让我觉得好像是我自己出了问题。"安东一边握住她的手,一边用低沉的声音说道:"别担心,我会一直照顾你。你只是有些累了。"

在这种氛围中,宝拉的精神状态逐渐恶化。她开始害怕自己说错话、做错事,甚至对周围的一切都产生了怀疑。

直到某一天,一位侦探出现在她的生活中。这位侦探告诉她,安东并非如表面看上去那样。他不仅与她姑妈的被害有关,还通过长期的操控手段试图掩盖自己的罪行。侦探揭示了安东操控煤气灯忽明忽暗的真相,以及他故意藏起物品的阴谋。听到这些,宝拉呆立在原地,眼眶微微湿润,似乎第一次找回了对自己记忆的信任。

自恋型父母有时会有意或无意地运用类似的"煤气灯操纵"策略。他们将自己塑造为"完美父母"或"完美受害者",而孩子或其他人则是一切问题的根源,以达到扭曲事实、维护自己的目的。

一位妈妈经常对女儿说:"你爸爸重男轻女思想严重,从你出生起就不喜欢你。""我生病了你爸爸也不帮忙,我高烧39℃还得起来给一大家子做饭。"现实的情况是,爸爸对她很关心,时不时地嘘寒问暖,而且,爸爸脾气温和,从不像妈妈那样大吵大闹。但随着妈妈不断地说爸爸的坏话,女儿逐渐相信爸爸小时候对她进行了虐待。她越来越觉得,母亲才是这个世界上最爱她的人,而其他人的付出,都无法与母亲的"爱"相比。不过,当她回忆起童年时,却发现自己几乎没有与母亲快乐相处的记忆,甚至感觉自己内心深处极度害怕母亲。

这种操控手段极具破坏性,因为它不仅侵蚀了孩子对自己记忆和判断的信任,还让孩子在情感上无法脱离父母的掌控。如果你在与父母的相处中,常常感到本来愉快的心情变得烦躁和焦虑,或者你对某些事情已有明确的判断,但与父母沟通后开始质疑自己的想法,那么你很可能正在遭受"煤气灯操纵"。长时间的这种操控可能导致你觉得自己"对不起父母",时常为自己的"不懂事"感到内疚。与此同时,你可能开始害怕与父母相处,因为每次相聚后,你的心情都会恶化。

方式 10:三角关系操控

三角关系操控(又称"三角测量")是一种通过在两人关系中引入第三方,制造联盟与权力平衡的心理操控策略。

在多子女家庭中,父母常常通过比较兄弟姐妹来制造对立。他们会不经意地说:"老大平时很听话,将来一定会孝顺;老二总是油嘴滑舌,长大了肯定会败家。"

有时,父母还会借助外界的声音传递对孩子的评价。他们可能会对孩子说:"某某老师说你做事不够认真,将来不会有太大的出息。"听到这些话,孩子会很害怕,并真的以为自己很糟糕,得不到任何人的喜欢。

如果你的父母经常做出以下行为,这可能意味着他们正在使用这种操控方式：

- 故意对别人家的孩子特别好，给予夸奖和礼物，但对自己的孩子却冷漠、批评。
- 重男轻女的父母对别人家的男孩热情洋溢，却对自己的女儿不屑一顾。
- 经常在孩子面前提起"别人家的孩子"多么优秀、聪明、能干。
- 父母单方抬高自己的家族，贬低另一方的家族，导致孩子产生矛盾情感。
- 在教育孩子时，父母一方会拆另一方的台，比如母亲耐心培养孩子的学习习惯，而父亲却怂恿孩子玩游戏或看动漫。通过这种方式，父亲让孩子更依赖他，从而疏远母亲。
- 在孩子面前贬低配偶，或在配偶面前贬低孩子，借此制造对立，达到"分而治之"的目的。
- 在孩子面前与配偶刻意亲密，或在配偶面前与孩子过于亲近，将第三者排除在外。

遭受三角关系操控的孩子或家人往往长期生活在被抛弃和被贬低的恐惧中，承受着巨大的情感压力。随着时间推移，他们会变得越来越自卑和迷茫。当看到孩子或伴侣因为三角关系操控变得自卑甚至抑郁时，自恋者不仅不会感到内疚，反而会有一种掌控的快感。

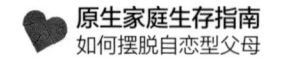

方式11：编造和扭曲事实

编造和扭曲事实是自恋者常用的手段之一。他们通过谎言来掩盖真相，塑造自己很好、很完美的形象。当谎言被揭穿时，他们可能会感到羞愧，但不会感到内疚。如果谎言未被揭露，他们往往会自鸣得意，甚至为自己的欺骗技巧感到自豪。

一天晚上，小林的妈妈坐在客厅的沙发上，跷着二郎腿，手里拿着手机和一个刚认识的朋友打电话。她语气轻快地说道："我们家现在住的可是大平层，还有落地窗呢！"她的语调中带着一种自豪，脸上露出微微的得意。

小林知道妈妈又在撒谎了，不过，他并不讨厌这种做法，反而觉得很有面子。第二天，学校里，同学们围在一起聊天。小林坐在中间，语气平静地说道："我家住别墅，有自己的花园。"他随手比划了一下，补充道："我爸开的车是宝马，我妈也有辆奔驰。"说完，他低头摆弄书包拉链，语气随意，但目光中带着几分躲闪。

其实，他们只住在一间不大不小的旧房子里，母亲的收入也不稳定。但母子俩心照不宣，共同去营造假象。母亲在儿子面前呈现出自己很能干、很受人欢迎的形象，但实际上她的生活一团糟，还经常与人争吵。儿子并不戳穿她，而是学会了母亲的方式，他也向周围同学编造自家住别墅、开豪车的假象，以赢得同学们的羡慕。不过，为了掩饰谎言，他经常得找各种理由拒绝同学们去他家探访的要求，用新的谎言掩盖旧的谎言。

除了通过谎言来营造一个"完美""优越"的形象，自恋型父母也会通过谎言来编造一个"不听话"孩子的假象，以衬托自己的"不容易"。例如，一位母亲喜欢在别人面前说："我女儿懒得很，这个不做，那个也不做，从来不替我分忧。""她只喜欢打扮，年纪轻轻整天想着谈恋爱。你们家孩子别跟她玩，免得学坏了。"事实上，女儿只谈过一次短暂的恋爱，平时也不常打扮，但母亲总是喜欢夸大其词，刻意呈现出一个糟糕的女儿形象。

方式12：扮演受害者

扮演受害者是自恋者常用的心理操控手段之一。通过将自己塑造成受害者形象，他们往往能够获得心理上的优势，使周围人产生"我欠你"的感觉，或者认为自己对自恋者不好，应该补偿他们。

一位女子在与丈夫或婆婆发生争执后，会突然坐在地上，一边捶打地板，一边高声诉说自己受到的委屈。她的表情中夹杂着愤怒与哀伤，眉头紧皱，眼眶泛红，偶尔掉下几滴眼泪。她反复提到自己如何被误解或忽视，语速时快时慢，声音中夹杂着哽咽。在宣泄完之后，她显得无精打采，默默躺在床上，目光无神，不愿与家人交流。

当女儿走近时，她用微弱的声音说："我真的撑不下去了，你们就当没我这个人吧。"与此同时，她拒绝吃饭，摆手示意不要别人靠近。女儿站在一旁，手足无措，低头咬着嘴唇，然后转身去倒了一杯水，放在母亲床边。她一边轻声安慰母亲，一边拿起扫帚清理母亲离开后客厅里散乱的物品。

在这个例子中,母亲内心的痛苦是真实的,但她通过惩罚自己的方式发泄愤怒,让他人产生内疚的情绪,从而控制了身边的人,特别是她的女儿。因为害怕母亲,女儿不得不承担起照顾母亲的责任。

除了这些直接的行为表现,自恋者还可能通过生病来扮演受害者。他们会强调自己的身体不适,寻求周围人的关心和照顾。若对方没有满足他们的要求,他们会给对方贴上"无情"和"自私"的标签。为了获得更多的关注和同情,自恋者甚至可能夸大自己的病情,将日常的身体不适描述成严重的健康危机。

自恋型父母尤其擅长用他们的原生家庭经历作为工具,来强化这种受害者身份。他们常常强调自己在童年时期受到的伤害,向子女或伴侣不断诉说父母的糟糕行为和自己的不幸童年。尽管这些经历可能部分属实,但他们会反复提及,甚至夸大这些痛苦,以此为借口要求情感上的补偿。

方式 13:反复无常

反复无常是许多自恋型父母的典型特征,特别是当他们同时具有边缘型人格特征时。边缘型人格障碍(Borderline Personality Disorder,BPD)是一种常见的人格障碍,通常表现为情绪剧烈波动、对自我身份认同有困惑、人际关系不稳定以及行为冲动。尽管一些自恋型父母未必符合边缘型人格障碍的诊断标准,但他们可能表现出类似的行为模式。他们的内心缺乏稳定一致的自我认同和对他人的连续性感知,因此,他们对自身和他人的态度常常摇摆不定。这种不稳定性反映在他们的行为、情感和价值观上，令人困惑且难以预测。

小童发现自己无法长时间与母亲相处，每次待在家里超过两天，母女之间必定会发生冲突。比如有一次国庆长假回家，刚开始两天母亲情绪平稳，一家人相处还算融洽。但在第三天早上，只是因为起得晚了些，母亲就突然生气地骂道："你看看几点了？像你这样的人，怎么能成事？"小童一下子清醒过来，她不敢反驳，只好默默地走进卫生间洗漱。

在接下来的几天里，那种熟悉的恐惧感一直伴随着小童。她尽量减少在母亲面前活动，把自己关在房间里，偶尔侧耳听着外面的动静，表情显得有些紧张。每次听到母亲的脚步声靠近，她会立刻坐直身体，假装看书或者忙着整理东西。

除了情绪的不稳定，自恋型父母还常常无法兑现承诺。尽管他们会给出各种理由来解释，但这种行为严重破坏了孩子对他们的信任。孩子在这样的环境中逐渐失去对父母的期待，感到困惑和无助。此外，父母在设定规则时也表现出极大的不一致性。虽然他们可能会为家庭设定一些规则和界限，但往往自己并不遵守，甚至在孩子违反规则时，给予的惩罚也前后不一。这让孩子无所适从，不知道该如何正确应对家庭中的各种状况。

自恋型父母往往会在公共场合表现出与在家庭中截然不同的态度。在别人面前，他们可能表现得极其关心孩子，甚至显得特别体贴和支持；然而，回到家中，他们的态度则变得冷漠和苛刻。这样的双面性不仅让孩子更加迷茫，也让他们在面对外界时感到孤立无援，无法向他人解释自己在家庭中所经历的真实痛苦。

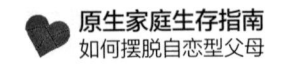

方式 14：情感忽视与时而的虚假关爱

自恋型父母的情感忽视通常体现在两个方面：对孩子缺乏热情和兴趣，以及情感上的冷漠。自恋型父母往往只关心自己的需求和感受，他们对他人可能表现出短暂的兴趣，但这种兴趣通常仅限于他人对他们有用时。对于自己的孩子，他们缺乏真正的关心和同理心，无法与孩子建立起安全且健康的情感连接。当孩子遇到困难需要帮助时，父母经常以一种轻描淡写的态度回应。

有一次，初中生小马在学校体检时被要求复查，小马很害怕，以为自己得了重病。当小马回家跟父亲说到这个情况时，父亲冷笑了一下，既没有说不要紧，也没有安排复查的事。父亲的态度让小马很迷茫，不知道接下来该怎么办。

在与孩子的互动中，自恋型父母的眼神里很难见到温暖和喜爱，常常只有冷漠与疏离。亲密的互动几乎不存在，孩子无法从父母那里得到拥抱、安慰或情感支持。此外，父母很少夸奖孩子，也很少用言语或表情表达任何形式的欣赏与爱意。相反，他们更倾向于用讽刺和嘲弄来对待孩子，而在外人面前则会表现得热情幽默，仿佛他们对家人充满关爱。

这些父母常常认为孩子是自己的负担，认为孩子拖累了他们的生活。他们的关注点集中在自己的事业、兴趣或夸大的幻想上，经常无视孩子的情感需求。尽管在生理或社会意义上，他们是父母，但情感上他们缺乏任何真正的责任感。

如果自恋型父母始终对孩子保持情感忽视，尽管孩子会感到痛苦，但这至少能让孩子早些意识到现实，逐渐放弃从父母身上获取爱的渴望。然而，这种忽视并非一贯如此。有些父母时而会表现出某种形式的"关心"，但这种关心通常是有条件的，或只是一种表演——演给孩子或周围的人看。

这样的虚假关心让孩子陷入困惑，他们无法正确判断父母的真实情感，甚至长期误以为父母是爱他们的。这种模糊不定的情感表现，使孩子在成年后，面对真实的父母时会经历暂时性的自我认同混乱。当他们意识到父母所谓的"关爱"大多是操控与表演时，往往会感受到深刻的情感冲击。

方式 15：情感共生与过度依赖

由于孩子是自恋型父母的情感供养者以及自我认同的延伸，所以自恋型父母在面对孩子的成熟与分离时表现出极度的不安与恐惧。他们深怕被抛弃，担心失去可依赖对象，因此采取幼稚的控制方式，让孩子留在自己身边，甚至不惜牺牲孩子的独立和成长。

小沈已经是高中生了，但父母依然坚持每天接送，无论是上学还是上兴趣班。一次，小沈提议自己骑车上学，母亲眉头紧锁，语气里带着几分急切："骑车多危险啊！你知道路上车流有多大吗？"父亲从厨房探出头附和道："再说了，早晚接送也不麻烦，家里又不是没人管你。"

情感共生的父母时常亲自处理本应由孩子独立完成的简单事务，哪怕孩子已经具备能力，父母也担心孩子会因此"累着"。此外，父母还会对孩子的生活细节表现出过分关注，迫切想要掌

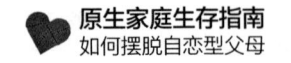

握孩子的所有信息，包括交朋友、参加活动等，甚至直接干预孩子的社交圈，确保孩子始终处于他们的视线之内。

与此同时，这种情感共生也体现在对孩子成长的限制上。自恋型父母往往不允许孩子离开自己，如到外省上学或出国读书。他们担心孩子一旦远离自己，亲子关系就会逐渐疏远，自己将失去控制力和影响力。

在孩子的职业和人生选择上，父母也会强加干预。他们为孩子的学习和工作安排好一切，通过自己的人脉或关系提前规划好未来的方向，包括择偶标准和生活地点，这剥夺了孩子自主选择和发展的空间。

更令人感到压抑的是，自恋型父母时常通过情感勒索来加强孩子的责任感和依赖性。他们会在孩子面前反复提到自己"老了""不中用了"或"需要帮助"，让孩子感到内疚，认为自己必须承担起更多的责任，以报答父母的付出。这样的情感操控使孩子深陷道德负担，难以走向真正的独立。

方式16：逼迫孩子实现自己的愿望

自恋型父母关注的往往不是孩子的幸福，而是自己的幸福。如果他们有未实现的梦想，他们会迫切地希望孩子替他们完成。当孩子试图反抗或表达不同意见时，父母则会采取强制干预和逼迫的方式，甚至不惜打压孩子的梦想。

晓艺从小就被寄予了当医生的期望。晓艺的父亲年轻时高考失利，未能成为医生，后来他有了晓艺这个女儿，就想把女儿培养成医生。但晓艺从小就不喜欢医院,更别提当医生了。她的梦想是成为设计师。但是她的这个愿望没有被父亲看在眼里。

父亲时常对亲戚说:"我女儿很优秀,将来一定能成为医生。"为了这个目标,他给女儿报各种补习班,安排女儿与医学专业的学生聚会聊天,还带着女儿去自己梦想的学府参观。

晓艺很有绘画的天赋,在各类绘画和设计比赛中都有获奖,但是父亲只当那些活动是学习医学知识之外的调剂。他完全不在意女儿在绘画上有多成功,或者女儿有多不喜欢学医,他只希望女儿按照他的安排走。晓艺在父亲的逼迫下还是进入了医学院,但是她一点儿也不愿意学。每个考试季,面对厚厚的医学书,晓艺都要掉一大把头发。

有一个学医的女儿,父亲感到特别骄傲,他逢人就说:"我女儿比我当年强多了。"晓艺站在父亲身边,仿佛是父亲的影子。当晓艺告诉父亲自己要退学,转去学设计的时候,父亲气得几乎晕过去。缓过来后,他苦口婆心地劝女儿:"画画能当饭吃吗?学医才是正道。我这是为你好,你不要不听话!"

这样的劝解晓艺从小到大已经听了无数次,也抗争了无数次,但这一次她不愿意退让了。父亲于是断了晓艺的生活费,当作"没有这个女儿"。不过,当亲戚问到晓艺时,父亲还是装出轻松而自豪的样子,说:"我女儿正在读博士呢,忙,回不了家。马上就去医院规培了……是啊,女儿当医生,当爸爸的肯定骄傲。"

当自恋型父母逼迫孩子实现自己的愿望时,他们常以"为了你好"作为借口。然而,这个"为了你好"是从他们自己的角度出发的,而不是基于孩子的真实需求和感受。他们无法站在孩子的角度去理解问题,因此当孩子拒绝他们的要求时,他们会感到失望和挫败。很多孩子在自恋型父母的不断施压下,不得不放弃自己的梦想,去满足父母的期望。

人格成熟的父母则能够在发现孩子有自己的梦想时,及时收回自己的愿望,并能体验到这一过程中产生的哀伤和失落。他们尊重孩子的自主性,理解这是孩子走向独立的正常过程。然而,自恋型父母无法进入这种健康的哀悼过程。他们不愿承认或面对自己的失败与挫折,而是执拗地坚持自己的要求,哪怕孩子痛苦不堪。

方式 17:对边界的入侵

自恋型父母对孩子边界的入侵可能以不同的形式表现出来。例如偷偷翻看孩子的日记,在被发现时也毫无歉意,声称这是为了"了解孩子的情况"。他们情绪不稳定,常常在孩子面前随意发脾气。即使在孩子逐渐长大,已经不再需要父母的过度照顾时,他们仍会试图侵入孩子的私密空间,甚至在孩子青春期时仍然坚持与他们同床,忽视了孩子正常发展的需求和界限。

在孩子试图独立或分离时,父母表现得更加具有控制欲。例如,孩子未能及时接电话或回复信息,父母可能会疯狂地打电话或发信息。当孩子开始恋爱或进入成年的亲密关系时,自恋型父母的边界入侵变得更为明显。只有他们认可的伴侣才被允许出现在孩子的生活中,不符合他们标准的对象则会被反复要求离开。甚至在孩子结婚后,他们依然试图干预婚姻,影响孩子的生活选择。

在孩子的专业和职业选择上,父母往往会逼迫孩子走他们认为合适的道路,这同样也是一种边界的入侵。当孩子偏离这些预期时,他们会通过情感操控,指责孩子"违背了他们的期望",以"不孝顺"或"不听话"作为指责的理由,试图让孩子感到愧疚和不安。

方式 18:情感勒索

情感勒索是一种隐秘但强有力的心理操控手段,通过激发孩子的内疚感、恐惧感或过度的责任感,迫使孩子按照父母的意愿行事。与普通的家庭争吵或冲突不同,情感勒索并非出于解决问题或加强亲密关系的目的,而是为了建立一种不平等的权力结构,让孩子屈从于父母的需求和控制。

一天晚饭后,父亲坐在沙发上,看着正在书桌前写作业的孩子,开口说道:"你知道吗?当年为了让你能上这个学校,我换了份更辛苦的工作,每天加班到很晚。后来单位倒闭了,只好四处看人眼色。我过成现在这样,都是为了你。"他放下手中的茶杯,叹了一口气,目光扫过孩子,又看向窗外。

孩子停下笔,抬头看了父亲一眼,似乎想说些什么,但最终只是低下头,继续写作业。父亲接着说道:"我这样辛辛苦苦,还不是希望你成绩好点,将来出人头地?如果你不争气,我这么做还有什么意义?"孩子轻轻"嗯"了一声,没有再回应,低垂的脖颈显得更加僵硬。片刻后,他重新开始写字,动作却变得缓慢而机械。

这样的对话场景已经发生过多次，父亲通过提及自己的"牺牲"来引导孩子产生内疚感。话语中表面上是对孩子未来的关心，实则通过强调自己的付出，让孩子意识到自己有义务满足他的期待。这种方式可能迫使孩子压抑自己的想法，去迎合父母的要求，以减轻自己的心理负担。

在以下言行中，我们不难发现父母的情感勒索：

- "我为你付出了一切，你这样做就是辜负了我。"
- "你要搬走了？你知道我的身体状况并不好，你走了我怎么办？"
- "你这样做，真的让我很伤心，我真不知道该怎么活下去了。"
- "我是你妈/爸，难道你连这点要求都不能满足我吗？"
- "你从来不考虑我的感受，都是我在为你操心。"
- "如果你不这样做，我可能会非常伤心，甚至出大事。"
- "你走了之后，谁来照顾我？你不能这样自私。"
- "你总是想着你自己，什么时候考虑过我的感受？"
- "如果你做这个决定，你会让我失望的，我永远不会原谅你。"

情感勒索看似是一种情感互动，但实际上对孩子的心理和情感发展会造成很大的负面影响。在情感勒索中成长的孩子，常常感到极度内疚。他们觉得自己必须为父母的幸福负责，这让他们长期活在内疚中，觉得如果自己过上独立的生活，就会辜负父母的期待。这种内疚感让他们很难做出个人的决策，害怕任何独立的行为都会对父母造成伤害。

方式 19：永远不会有错

在与自恋型父母相处的过程中，许多孩子逐渐意识到，无论情况多么明显，自恋型父母几乎从不承认自己的过错。这种拒绝承认错误的行为并非简单的固执或倔强，而是一种深层次的自我保护机制。通过这种方式，自恋型父母努力维护自己完美的形象，避免面对自己可能存在的缺点或不足。

雨晴因为最近一次家族聚会的不快，试图与父母沟通。一天晚上，她鼓起勇气拨通了母亲的电话，说道："妈，上次聚会的时候，你在亲戚面前说我是因为太懒才一直没升职，我其实挺难过的。我努力了很久，只是现在有点遇到瓶颈……"

母亲打断了孩子的话，略带防御地说道："我那是为你好。你升不了职，难道不是因为你自己不够努力？我只是实话实说，想让你知道问题出在哪里。"雨晴试图解释："我不是说自己没有问题，但您那么说会让我觉得被当众否定了。我只是希望下次您能顾虑一下我的感受。"

母亲冷笑了一声，语气变得更为强硬："你这么大个人了，怎么还这么玻璃心？我说的都是事实，亲戚们也只是笑笑，又没有人真的看不起你。你要是真觉得不舒服，那不是我的问题，是你自己太敏感。"

雨晴沉默了一会儿，缓缓说道："可是您从来不会想想，您有没有做得不妥的地方？"母亲立刻打断她："有什么不妥的？我辛辛苦苦把你养大，你现在倒过来说我做错了？是不是工作压力大了，才开始找这些事来抱怨？"

雨晴握着手机的手渐渐放下，无力地说道："没事了，您别生气，我只是想聊聊。"母亲松了一口气，语调恢复轻松："别整天钻牛角尖，你有这时间多想想怎么好好工作。好了，我还有事，挂了。"电话那头传来挂断的声音，房间里顿时变得安静。

在这样的互动中，父母始终将责任推到孩子身上，强调自己的行为"都是为孩子好"，将问题定义为孩子的敏感或不足，从而避免对自己的行为进行任何反思或调整。这种"永远不会有错"的心理特点让孩子在沟通中屡屡受挫，无法表达真实的感受或获得理解，最终导致孩子逐渐放弃在亲子关系中的主动性，形成被压抑的情感模式。

自恋型父母的拒绝承认错误通常表现在日常的言行中，他们会通过各种方式来否认自己的责任或错误。以下是常见的表现方式：

- "这都是因为你做错了，不是我的问题。"
- "我不想再谈这个话题了，这事已经过去了。"
- "你总是怪我，难道我就没有为你付出过吗？"
- "我为你做了这么多，怎么可能是我的错？"
- "当时根本不是这样，你记错了。"
- "你要是听了我的建议，根本不会出问题。"
- "我怎么可能犯错？你这么说是在伤害我。"
- "你为什么总是抓着小事不放？你太敏感了。"

父母这种不肯承认错误的态度不仅影响了亲子关系的健康发展，也让孩子在成长过程中无法与父母进行有效的沟通或建立真正的情感连接。父母的完美形象得以维持，但代价是孩子的情感被忽视、压抑，甚至在自我认同上陷入困惑与痛苦。

孩子在与父母互动中如果无法表达自己的感受，会逐渐习惯于压抑情感。他们可能会感到无法与父母沟通，进而产生孤独感。在长时间与无法认错的父母相处后，孩子可能会封闭自己的内心，避免在关系中表达自己真实的想法和感受。

方式20：情绪化夸大

在与自恋型父母的相处过程中，许多孩子会发现，父母常常将日常生活中的问题和情绪夸大到极端程度。自恋型父母的反应通常充满戏剧性，情感波动极为强烈，甚至把微不足道的小事放大为巨大的危机。

孩子因为放学时忘记带钥匙，只能打电话让父亲回来开门。父亲满脸怒气地从麻将室走回来，打开门后，盯着孩子说道："你怎么总是这么粗心？连钥匙都能忘，这样下去以后怎么独立生活？"他皱着眉，叹了一口气，然后继续说道："你总是犯这样的错误，一点儿也不让我省心。"

一次考试后，孩子的成绩不理想。母亲拿到试卷，皱着眉头扫了一眼，声音颤抖地说道："你知道这意味着什么吗？这就是你的未来！你成绩这样，以后还能有什么好前途？"她放下试卷，揉了揉额头，在漫长的沉默后，她带着恨铁不成钢的语气说道："我为你付出了这么多，你连点好成绩都拿不出来，真是要被你气得半死。"晚上，孩子完成了作业，平常会给孩子检查作业的母亲却躺在床上"伤心欲绝"。孩子一方面因为没有考好很挫败和伤心，另一方面对母亲的指责感到内疚和害怕。

在这些互动中，自恋型父母会将孩子的小失误或一时的失败放大为生活中的重大问题，使用夸张的语言和情感表达，将孩子的行为与未来的失败挂钩。他们通过戏剧化地表达自己的痛苦和失望，暗示孩子不仅辜负了他们的期待，还让他们承受了巨大的情感负担。同时，通过强调自己的"牺牲"，父母让孩子产生亏欠感，使孩子感到自己需要对父母的失望负责。这种互动方式不仅增加了孩子的心理压力，也让孩子逐渐形成过度自责的情感模式。

自恋型父母不仅夸大自己的情绪，也会夸大他人的反应。例如，他们可能会告诉孩子："家族里所有人都觉得你这样做太荒唐了，你让大家的脸都丢尽了！"为了保持对孩子的控制，父母还会制造出一种紧急感，迫使孩子立刻按照他们的要求行事。他们可能会说："你现在不赶紧做这件事，咱们家就完了！"

更严重的是，自恋型父母常常通过夸大对未来的恐惧来进一步操控孩子。他们可能警告孩子："如果你继续这样下去，你将一无所有，没有人会想和你在一起。"这种恐吓不仅让孩子对未来失去信心，也让他们觉得自己必须全盘依赖父母，无法创造独立的人生。

方式21：不确定的赞美

不确定的赞美是自恋型父母常用的一种情感操控手段。他们看似在夸奖孩子，言辞中却往往夹杂着隐含的批评或条件。他们害怕如果给予孩子全然的肯定，孩子可能会因此变得自信，从而

第二章
伤害的剖析：自恋者的 21 种情感武器

威胁到他们的主导地位。因此，他们总是在赞美时有所保留，让孩子始终感到自己还不够好，无法完全满足父母的期望。

孩子兴奋地拿着刚刚考到的好成绩回家，把试卷递给父亲，笑着说道："爸爸，这次我考了全班第二名！"父亲接过试卷，低头看了一会儿，点了点头，面无表情地说："还行，至少比上次进步了点。"然后，他抬头看着孩子，继续说道："不过你看看，这次扣分的不都是些简单的题吗？如果你再细心一点，第一名应该不是问题。"

另一次，孩子在学校参加比赛，获得了奖项，回家后迫不及待地告诉母亲："妈妈，我这次拿到了比赛的二等奖！"母亲正在看电视，抬眼瞟了一下孩子手中的奖状，语气淡淡地说道："哦，比我想的好一点，至少没空手而归。"接着，她补充道："不过你看看别人家的孩子，这次拿一等奖的那个，不是年纪比你小吗？你下次要多用点心。"

自恋型父母的评价常常夹带批评，或以模糊的语言淡化孩子的成就。表扬的同时，他们通过指出不足或设置更高的要求，让孩子感到自己的努力总是不够。即便孩子达到了父母的期望，他们也会轻描淡写地用"还行"或"过得去"来回应，避免给予明确的肯定。此外，他们还通过比较来削弱孩子的成就感，把孩子放在一个无法超越他人的位置，让孩子觉得自己的努力永远无法达到父母的理想标准。这种评价方式会让孩子在关系中感到失落和迷茫，逐渐失去对自己能力的信心。

自恋型父母的赞美总是伴随着一个"但是"，即使是在夸奖孩子时，他们也会强调孩子仍有改进的空间："虽然还不错，但

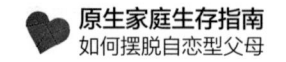

你肯定能做得更好，别骄傲。"这种不确定的肯定让孩子感到自己的表现永远不够完美，无法完全赢得父母的满意。

自恋型父母在表达赞美时，往往还伴随着某种犹豫或迟疑。例如，他们可能会说："嗯……可以吧，还算是不错的一次表现。"这种不确定的语气让孩子感到父母对他们的表现并不完全满意，进一步加深了孩子的自我怀疑和不安全感。

第三章
幸存者的伤痕：难以抹去的创伤印记

自恋型父母会对孩子造成深远的伤害，而这些创伤往往成为一个人在人际关系、自我发展等领域出现问题的根源，甚至会引发各种心理症状。本章通过具体案例，深入探讨自恋型父母对孩子造成的心理伤害，揭示其对个人心理成长的负面影响。

自恋型父母留给孩子的 10 种情感伤痕

自恋型父母的行为方式颠覆了我们对传统父母角色的认知，他们的存在和行为不仅让人感到匪夷所思，更给孩子的成长带来了深远的负面影响。在上一章中，我们详细探讨了自恋型父母操控孩子的 21 种方式，这些方式无时无刻不在摧毁孩子的安全感和人格独立性。当你回顾这些方式时，也许会感到震惊甚至愤怒，或者联想到自己的经历，产生一些熟悉的痛苦感受。

自恋型家庭的幸存者容易成为复杂性创伤后应激障碍（C-PTSD）的高危人群。在心理健康领域，C-PTSD 被认为是创伤性经历反复发生且未被有效处理的结果，其典型表现包括对自我价值的怀疑、在人际关系中的极端敏感、情绪的失控与压抑交替，以及对个人身份的迷失感。这种创伤在自恋型家庭中尤为常见，几乎涉及幸存者生活的方方面面。

具体来说，自恋型父母的行为模式可能留给孩子 10 种典型伤痕。需要说明的是，从精神分析角度来看，以下 10 种情况更多地呈现出他们自恋性脆弱的状态，但也有不少人呈现出跟自恋性夸大相关的特征。这意味着，孩子有可能重复自恋型父母的行为模式，表现出情感剥削、人际操纵、夸大幻想、寻求特权感等倾向，甚至在成年后无意识地对他人造成类似的伤害。

伤痕 1：自我价值感低下与毒性羞耻感

自恋型父母往往将自身的需求和欲望置于首位，经常忽视孩子的情感和需求。孩子在这样的家庭环境中成长，常常感到只有满足父母的期待，自己才有价值。这种家庭模式容易导致孩子内化一种深刻的信念，即他们的自我价值完全依赖于外界的评价，特别是父母的认可，而非基于自身的真实感受。

随着年龄的增长，这类孩子可能会逐渐表现出低自尊。他们不再相信自己值得被爱或尊重，内心有一种强烈的"我不好"的感觉。在面对失败和批评时，他们容易陷入自我否定，甚至相信自己一无是处。当遇到需要维护自我利益和边界的情况时，他们容易陷入自我怀疑，并时不时地放弃立场。为了得到认可，他们可能发展出一种"讨好型人格"，竭尽全力取悦他人，生怕让别人不高兴，唯有在外界的肯定中才能找到短暂的自我价值感。

在这种家庭中，父母通常会通过羞辱性语言打击孩子的自尊，例如："你除了会吃还会干什么？"或"你做的这是什么玩意儿？"当孩子无法达到父母的期望时，便会产生一种强烈的羞耻感，逐渐演变为"毒性羞耻感"（Toxic Shame）。这是一种深刻且

第三章
幸存者的伤痕：难以抹去的创伤印记

持续的负面情感体验，它超越了一般的羞耻感，让个体感觉自身"有缺陷、不值得被爱，甚至不配存在"。这种情感不再局限于对特定行为的否定，而是将否定扩大到整个自我认知，造成深远的心理影响。

毒性羞耻感让个体害怕展现真实的自己，深怕自己真实的模样会让周围的人讨厌、排斥或嘲笑。他们会因为一些微小的言行感到丢脸，并竭力避免想象中的尴尬局面。因此，他们常常回避挑战，压抑自己的愿望和表现欲，害怕失败后带来的羞辱和自我否定。

有时，每一次的公开展示都可能会唤起毒性羞耻感。例如，一位事业有成的中层管理者，尽管在公众场合的发言很成功，赢得了广泛认可，但他内心依旧充满羞耻感和焦虑。在孤独的夜晚，他仍然会纠结于自己在会议中的表现，甚至对自己感到厌恶，认为在公众面前丢尽了脸。这种内心的痛苦与外界的成功完全脱节，内在的自我否定与羞耻感时常让他在深夜惊醒，无法摆脱对自己表现的负面评价。

毒性羞耻感对个体的影响是深远而痛苦的。它会让人产生强烈的无望感，尤其是在遭遇失败时，个体可能会陷入深深的痛苦中，甚至产生被动的自杀念头，幻想通过意外或灾难来解脱这种无尽的羞辱和内在折磨。毒性羞耻感不仅侵蚀个体的自尊心，还会大大阻碍个人的自我实现。由于害怕被羞辱，有些人可能选择压抑自己的才华，避免展示能力，从而错失许多成长和成功的机会，留下深深的遗憾。

伤痕 2：情绪调节的困难

自恋型父母难以与孩子形成安全的依恋关系，他们无法适当地回应孩子的情感需求，经常利用孩子来满足自己的心理需要。孩子的情绪无法被有效地涵容，导致他们在成长过程中会逐渐感受到情感上的孤立和匮乏，内在缺少情绪调节的能力。

在这样的背景下，情绪调节的困难表现为多种形式。有些人难以理解或表达自己的情绪，对自己的情绪感到陌生或疏离。另一些人时常情绪波动剧烈，小小的事情就能引发强烈的反应，如极度愤怒和焦虑。同时，他们可能会经常陷入抑郁、孤独、恐惧、低能量的状态，感到难以自我振作。

由于在成长过程中学会了情感隔离，他们倾向于将情绪视为一种不好的东西。他们很少向别人展露自己的脆弱面，例如伤心、羞耻、害怕和无力等，有些人也会回避表达愤怒，因为愤怒也会暴露他们脆弱的部分。他们对外界展示的永远是一种"正常"状态，但内心却充满了压抑的情绪，无法宣泄。

面对压力情境时，他们往往更容易感到紧张、焦虑或恐慌，难以有效地应对和解决问题。由于情绪调节能力的缺乏，他们可能发展出成瘾倾向，做出冲动行为。例如，某些人会通过过度消费、暴饮暴食、冲动言行来短暂缓解痛苦。有些人则会沉溺于游戏、短视频等娱乐活动，试图转移注意力，逃避情绪黑洞。

在极端的情况下，情绪调节的失控可能引发自杀或自伤行为。当痛苦达到无法承受的程度时，这些人可能会感到麻木，极度焦虑和崩溃，以至于产生自杀念头，或者通过自伤行为，如切割、撞墙、打自己等，来暂时平息内心的剧烈痛苦。

情绪调节的困难不仅影响他们的日常情绪体验，还会对学习、工作和人际关系产生深远的负面影响。举例来说，一个年轻男子在事业发展上长期停滞不前，虽然他知道自己需要在工作和学习上更加投入，但每当他试图集中注意力时，内心的"心魔"便浮现出来。这种心魔源自童年的抑郁情绪，每次浮现都会让他感到沮丧，并让他难以专注。

伤痕3：边界模糊与角色颠倒

自恋型父母往往将孩子视为自我身份和自尊的延伸。这种家庭环境会导致自体与他人之间的边界模糊，孩子很难明确区分自己的情感需求与父母的需求。这种边界模糊让孩子在成长过程中无法建立独立的自我意识，难以坚持自己的立场和判断，逐渐内化了他人需求的优先性，而忽视了自身的需求和情感。

边界模糊的一个显著表现是，个体往往很难拒绝他人的要求。即使内心感到不舒服，他们也会顺从对方，害怕失去对方的认可。这种情感上的过度卷入使他们对他人的情感和行为高度敏感，甚至会承担原本不属于自己的责任。他们不断压抑自己的真实需求，迎合他人，以此换取认可和接纳。

在做决策时，边界模糊的人往往缺乏自信，依赖他人的意见，难以独立承担责任。他们也容易卷入他人的冲突，认为自己有责任去解决那些与自己无关的问题。这种模式让他们丧失了个人时间与空间，总是在为他人服务，导致他们感到疲惫。

在自恋型父母与孩子的关系中，角色颠倒的情况尤为常见。父母常常将自己的情感需求投射到孩子身上，要求孩子照顾他们的情绪。孩子过早地承担起不适当的责任，承受着巨大的心理压力。父母可能期望孩子去实现他们未完成的愿望，或者通过孩子的成就来满足自己的自恋需求。

如果孩子未能达到父母的期望，内疚、自责和空虚感便随之而来。特别是在那些父母关系不和谐的家庭中，孩子（尤其是长子或长女）往往不得不扮演调解者的角色。父母将彼此无法直接表达的需求和情感通过孩子传递，孩子因此背负起修复父母关系的重担，拼命努力去调和父母间的矛盾。然而，尽管付出了巨大的心力，但他们常常感到无力和挫败，因为父母的关系问题并不是孩子能够解决的。

这种过度责任感深深影响着孩子的成长，不仅在童年时期让他们承受了过多的压力，成年后他们在人际关系和自我认同中也会受到长期的困扰。他们常常觉得自己必须为他人的幸福负责，难以确立明确的个人边界，最终导致自我认同的困惑和情感上的疲惫。

伤痕 4：对失败或不完美的恐惧

自恋型父母常常对孩子施加极高的期望，要求他们在各个方面都必须表现出色，以满足父母自身的夸大需求。如果孩子未能达到这些期望，父母可能会陷入情绪崩溃，要么对孩子大发脾气，要么歇斯底里地哭泣。这种极端的反应让孩子生活在持续的

第三章
幸存者的伤痕：难以抹去的创伤印记

压力和恐惧之中，害怕自己的失败或不完美会导致父母的失望。

这种家庭环境促使孩子在成长过程中发展出强烈的完美主义倾向，并对失败或错误产生极度的恐惧。他们对自己设立了过高的标准，要求每一件事情都必须做到完美无缺，无法容忍任何瑕疵或错误。一旦尝试了新的事物却未能达到理想结果，他们就会感到极度焦虑或沮丧，甚至因此放弃尝试，宁愿错失机会也不愿暴露自己的"缺陷"。

此外，这些孩子往往对他人的评价异常敏感，极度关注别人对自己的看法。他们担心一旦表现不够完美，就会遭到否定或拒绝。这种对外界评价的过度依赖，进一步加剧了他们对失败的恐惧，特别是在面对批评时，他们会感到自己被彻底否定了。

完美主义还让他们陷入自我批评的恶性循环。如果未能达到自己的高标准，他们会不断贬低自己，认为自己"糟糕透了"或"完蛋了"。这种自我苛责让他们对未来的任务产生恐惧，担心无法成功完成任务，从而导致拖延或陷入过度准备的状态。

他们常常沉浸在过去的失败中，反复思索自己哪里做错了，而不是从中吸取教训并向前看。这种不断的自我反省使他们深感羞耻，时常想象如果当时做得更好会怎样。因为对失败的恐惧过于强烈，他们可能避免参与任何形式的竞争或公开展示，担心一旦未能胜出或表现出色，自己就会被他人彻底否定。

这种对失败的极度恐惧让他们长期处于焦虑状态。每当面临需要表现或做决策的时刻，他们都会压力倍增，最终影响到正常生活和心理健康。为了避免错误，即便是最小的细节，他们也会追求完美，导致效率和灵活性下降。对失败及不完美的恐惧让他

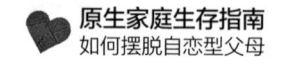

们始终处于高压之下，很难松弛下来享受生活。

伤痕 5：自主性的问题

自恋型父母通常会试图控制孩子生活的方方面面，孩子的个人兴趣、情感和独立性往往得不到尊重。这种控制行为剥夺了孩子自主探索的机会，限制了他们形成独立人格的能力，要么导致孩子的过度依赖，要么导致孩子的过度反抗。

自主性的问题通常会以两种极端形式表现出来。第一种极端是缺乏自主性，这种情况下，个体在做决定时过度依赖他人的意见，难以独立做出判断。他们害怕承担责任，常常逃避做出重要决定。他们习惯于将失败归咎于外部环境，而不是面对和处理自己的问题。他们经常感到无助，觉得自己无法掌控生活，习惯将选择权交给别人，无论是父母、伴侣，还是权威人物。

在与他人交往时，他们往往无法设定清晰的个人边界，容易受到他人的影响，甚至被操控。比如，在亲密关系中，明明知道一段关系不好，想要离开，但一旦对方恳求和道歉，他们就容易心软并违心地答应。他们更愿意待在一个由他人掌控或结构化的环境中，而不是承担个人责任，或在需要领导他人和自我决策的情况下采取主动。

第二种极端是自主性过度敏感。这种情况下，个体对任何可能被视为控制、干涉或剥夺自主权的行为表现出强烈的抵触。他们常常为了维护自主性与外界斗争，抗拒命令、规则，甚至合理的建议都会引发他们的防御。严重时，他们拒绝接受任何形式的帮助或支持，因为他们认为接受帮助会削弱自己的独立性，产生一种"欠了别人"的感觉。

他们极度强调自己的独立性，即使在合作环境中，也不愿听从他人的意见或建议，哪怕这在常规的合作或依赖情境中本应是合理的。他们对掌控自己的生活和决定有极强的需求，任何外部的干预或建议都会被视为对自我掌控感的破坏，从而引发他们强烈的恐惧和愤怒。在团队合作中，他们往往持排斥态度，尤其是在需要共同决策或依赖他人时，他们宁愿独自承担任务，也不愿失去对结果的控制。

在学校环境里，他们经常会迟到，拖延或拒绝交作业。工作中，迟到及拖延的情况也屡有发生。在人际关系中，他们对于时间约定之类的情况也会排斥，因为这让他们觉得被束缚，所以他们会不自觉地通过违约来反抗。

他们通常表现出极端的个人主义倾向，对自身的利益看得很重，认为独立、自由、自主是最高的价值，不愿接受集体的价值观或团队的规范，不愿意做适度的自我牺牲。这种极端的自主性使他们难以与他人合作，特别是在涉及权威或需要依赖他人的情境中，他们容易与他人产生对立，无法建立健康的合作关系。

伤痕6：自我认同的困惑

自恋型父母倾向于塑造孩子，使其成为他们理想中的样子，而不是鼓励孩子发展和追求自己的独特个性。这种压抑和控制会导致孩子在成年后产生对自我认同的困惑，他们不相信自己的情感和愿望，也不知道真正的自己是什么样的。结果，他们可能在职业、兴趣和人际关系等方面表现出迷茫和不确定性。

这些人在自我导向方面容易出现问题。他们可能对自己的目标和方向感到模糊，常常感到生活没有明确的意义或目的。由于内在动力不足，他们容易放弃自己的真实愿望，不相信能够实现自己的理想。在自我认知上，他们也会表现出模糊和扭曲的特征。他们可能难以清晰地认识到自己的优点和缺点，时常陷入自我怀疑，对"我是谁"这个基本问题无法做出明确的回答。他们习惯于根据他人的评价来定义自己，缺乏独立的自我认知。

为了满足父母或外界的高标准和期望，他们常常会形成一种"假我"。这个假我是一种为迎合他人而构建的表面人格，是为了取悦外界、获得认同而存在的。真实的自我则被压抑和隐藏，个体的自我认同感因此变得混乱或丧失，个体难以体验到内在的满足与真实性。

这种状态让他们极度在意他人的看法，习惯于通过外界的认同来获得自我价值感。如果得不到正面的反馈，他们便会感到自卑或失落，内心充满不安。他们时常感到一种对暴露真实自我的恐惧，担心一旦别人发现他们的真实想法或弱点，就会批评、拒绝或抛弃他们。因此，他们极力维持"完美"的外在形象，避免让他人看见真实的自我。

在与他人的交往中，他们难以建立深厚而真诚的关系。即使在人群中，他们也常常感到孤独，因为他人看到的只是表面的伪装，而不了解他们真实的内在世界。长期维持假我的生活会让他们感到心理上的疲惫和空虚。由于不断调整自己以迎合外界的期待，他们逐渐失去了内在的满足感和真实的幸福体验，经常怀疑自己的人生意义，感到生活失去了方向。

伤痕7：关系中的不安全感及控制的倾向

自恋型家庭的幸存者通常表现出不安全的依恋模式，可能发展出矛盾型依恋或回避型依恋。更严重的情况是，频繁遭受虐待的孩子还会形成混乱型依恋，带有大量未解决的心理创伤。由于这些不安全的依恋模式，他们在成年后的亲密关系中会表现出许多不安全感。

在关系中，他们往往通过他人的认同来确认自己的价值，害怕被拒绝或遗弃，因此在人际关系中显得过度依赖或黏人。他们也难以设定健康的边界，常常感到被压迫，却又不敢拒绝他人的需要或要求。此外，他们害怕人际冲突，担心冲突会导致关系的破裂，因此常常避免面对冲突，或在冲突发生后极力去修补。

他们对他人的关心和爱意缺乏信任感，常常通过反复确认来寻求保证，担心自己不会被真正地在意。伴随着这种不信任，他们往往表现出强烈的占有欲和嫉妒心，当他们的伴侣或朋友与他人建立社交关系时，他们容易感到不安，认为自己即将被忽视或取代。

一天下班后，丈夫回家比平时晚了20分钟。一进门，他就脱下外套，笑着对妻子说："今天路上有点堵，所以晚了点。"然而，妻子站在餐桌旁，表情有些僵硬，眼睛紧盯着丈夫，语气冷冷地问："真的是因为堵车吗？"

丈夫愣了一下，随后无奈地说："你别多想，真的只是堵车。"他放下公文包，走过去试图握住妻子的手。妻子却后退了一步，紧皱眉头说道："每次都是这么说，但你有没有想过，我一个人在家等你是什么感觉？你是不是根本没把我放在第一位？"

几天后，丈夫提到周末要去看望父母，并邀请妻子一起去。妻子的表情瞬间冷了下来，语气中带着几分不满："你每次都想着他们，什么时候为我考虑过？我是你妻子，还是你爸妈更重要？"丈夫叹了一口气，试图解释："我只是想关心一下他们，他们年纪大了，需要人照顾。"妻子却打断了他，语气更急促："那我呢？你关心他们的时候，有没有想过我心里怎么想？"

在这个例子中，妻子表现出的强烈占有欲和嫉妒心，背后是恐惧，她害怕被忽视或被取代。她对社交关系中第三方的关注，实际上是对自己在关系中位置的不确定感的投射。这种不安可能会在亲密关系中制造紧张，甚至导致伴侣时常感到压力。

在自恋型父母的控制下长大的孩子可能会习得父母的操控模式。在人际关系中，他们倾向于通过操控来获取更多的安全感。比如，他们可能会通过夸大问题或故意表现出受害者的姿态，令对方感到内疚，以达到自己的目的。此外，他们在人际关系中敏感多疑，时刻警惕着自己是否会被控制，常常担心对方有恶意，并经常提前做出反击。

他们在工作、家庭或其他关系中，通常对控制权有着强烈的渴求，希望自己能始终占据主导位置。如果感到自己失去了这种主导权，他们要么选择远离，要么采取对抗的姿态。对任何形式的失控，他们都感到极度恐惧。在陌生的场合，他们会感到紧张不安，只有回到熟悉的环境，重新找回控制感，他们的焦虑感才会缓解。

伤痕 8：自我攻击 / 被动攻击的倾向

长期在自恋型父母的阴影下成长，孩子往往会在内心积累大量压抑的愤怒。然而，由于害怕父母的攻击，或者出于内疚，他们常常无法直接表达这些愤怒。当面临需要表达反抗或愤怒的情境时，他们通常会选择沉默，并将这些情绪压抑下去。这些未表达的愤怒积累在心中，逐渐转化为自我攻击或被动攻击。

在自我攻击中，个体往往非常喜欢自我批评，经常否认自己的能力、成就和价值。他们很难认可自己的优点，时刻觉得自己不够好，陷入对自我价值的怀疑。这种不断的自我否定使他们很难建立积极的自我形象，时常因糟糕的表现而感到羞耻，甚至对自己产生深深的厌恶感。

当面临需要表达愤怒或维护自身权益的情境时，他们会选择沉默，避免直接冲突。即便在争吵时，他们也会尽量克制情绪，避免过度表达愤怒。但冲突过后，他们常常陷入抑郁、沮丧和疲惫的状态，这种情绪低谷可能持续很长时间。

他们还可能通过自我惩罚的方式来表达内在的冲突。例如，在某些事情上取得成功后，他们反而陷入不开心或情绪低落，甚至会有拖延、成瘾等行为。这些行为不仅进一步增强了他们对自己的厌恶感，还增加了他们遭受外界攻击的可能性。

这种向内的愤怒往往还伴随强烈的内疚感。他们常常承担本不该负的责任，即使错误不在自己，也会自责不已。在承担责任和照顾他人的过程中，他们往往压抑自己的愿望，总是为他人着想，但不敢去追求自己的需求和梦想。

在**被动攻击**中，看似顺从或无异议的人，实际上通过消极的方式表达愤怒和抵抗。当面对不愿完成的任务时，他们不会直接拒绝，而是通过拖延或敷衍的方式表达不满。比如，有些孩子可能会通过拖慢做作业的速度，来隐晦地表达对老师或父母的不满。

这种被动攻击的行为常常表现为口是心非的态度。表面上，他们可能答应得很真诚，态度看似友好，但之后却通过"忘记"或编造借口来避免完成承诺。他们也常常表现出不明确的态度，不会直接表达反对意见，但会通过叹气、冷漠的眼神或僵硬的身体语言来表达拒绝。在团队合作或与他人相处时，表面上的顺从可能掩盖了他们内在的抵触情绪。他们口头上可能支持团队的目标，实际上却在执行过程中故意制造障碍，阻碍任务的顺利完成。

伤痕9：过于严苛的超我

自恋型父母往往对孩子施加严苛的要求，并通过贬低行为让孩子感到自己不够好。在这种环境下，孩子既无法自由表达对父母的愤怒，也无法满足这些过高的期望，最终容易形成一种过于严苛的超我。

严苛的超我会导致个体为自己制订完美主义的标准和目标。

比如，他们会认为自己必须永远情绪稳定、善解人意；必须把所有不明白的地方搞懂，不能有任何自私的想法；一定要成为尽心尽力的父母等。任何偏离这些理想化标准的行为都会带来深深的内疚感。

这种内疚感往往是不合时宜的，即使他们的行为完全合理，或者是出于自我保护或正当的"自私"，他们也会因为无法满足内在的标准而感到不安和自责。他们常常压抑自己对愉快体验的追求，甚至在娱乐和休息时也感到焦虑，因为放松与享乐被视为放纵或堕落。他们时刻有一种时间紧迫感，刻意追求"方法""效率"和"好状态"，但真正需要完成的事情却没有取得实质进展。他们给自己设定的"容错率"很低，不允许自己犯错，时常显得很严肃。

这些严苛的标准不仅施加在自己身上，他们往往也会以同样的标准要求他人。尤其是面对亲近的人时，他们常表现出批评、指责和命令的态度，总觉得对方存在各种不足。他们往往缺乏对他人的欣赏、理解与尊重，包容心也相对较弱，难以给予他人应有的宽容与接纳。

严苛的超我也让他们容易体验到毒性羞耻感。它能顷刻间摧毁人的自尊，引发强烈的自我厌恶感，使人否定自己的存在本身。这种内在压力让他们在生活中小心翼翼，不敢应对挑战和变化。当自我无法满足这种严厉的内在标准时，他们会经历猛烈的自我攻击，陷入抑郁、内疚和焦虑的情绪中。

这种严苛的超我不仅局限于个体内部，还可能通过投射作用影响他们对外界的看法。他们常常认为别人不喜欢自己，甚至讨厌自己。这种内在的自我苛责让他们与他人的互动充满紧张和不安，进一步加剧了孤独感和自我怀疑。

伤痕 10：习惯于使用不成熟的心理防御机制

心理防御机制，由弗洛伊德最早提出，指个体在面对压力、冲突，体验到焦虑、抑郁、恐惧等不愉快的情绪时，自动且无意识地采取的心理策略。防御机制的作用在于减少或避免痛苦的情感体验，保护自我免受不安或焦虑的困扰，同时维持心理平衡。

防御机制通常分为三类：成熟的、相对成熟的和不成熟的。成熟的防御机制（如升华、幽默、抑制）有助于个体适应环境，而不成熟的防御机制（如投射性认同、否认、分裂）则倾向于扭曲现实，常常引发人际冲突。自恋型父母通常依赖不成熟的防御机制来保护其脆弱的自尊，受此影响，他们的孩子也会在无意识中习得这些不成熟的防御机制，并将其作为应对生活压力与挑战的主要方式。

在自恋型家庭中，孩子的需求往往被父母忽视和打压。为了适应这种环境，孩子可能会学习通过**否认**自己的需求来维持心理的完整感。他们可能会告诉自己"我不需要他人的支持""我可以独自应对一切"，甚至否认对爱的渴望和情感的依赖。这种自我否认短期内似乎能够减少痛苦和挫败感，但实际上剥夺了他们真实体验和表达需求的能力，导致他们在成长过程中逐渐丧失信任和依赖他人的能力。

有些孩子为了避免直面冲突、压力或维护自尊，会不自觉地学会通过**撒谎**来逃避责任或掩饰自己的弱点。长期依赖撒谎作为一种防御机制可能会让他们习惯于扭曲事实，并逐渐丧失与他人建立真实、可信关系的能力。这种行为模式一旦固化，便会成为应对困难的自动化策略，使他们难以面对生活中的真正挑战。

一些孩子会倾向于沉溺在**全能幻想**中，试图找到一种万能的解决办法以"一劳永逸"地解决所有问题。这种幻想看似能够帮助他们暂时逃避现实中的痛苦，但事实上，它常常导致他们忽视实际的困难，无法脚踏实地地应对问题。他们会陷入一种"为找方法而找方法"的怪圈，逐渐丧失面对现实和处理痛苦的能力。

长期生活在自恋型家庭中的孩子还可能发展出**解离**的防御机制。他们可能感觉与现实环境脱节，甚至感觉自己在生活中是"虚幻"的。对于他们来说，真实感逐渐丧失，他们的生活似乎充满了模糊感和不确定性。很多人可能会觉得自己"失去了存在感"，认为自己与生活的意义和方向无关。

为了应对痛苦，有些孩子习惯于将自己的情感与自我体验**隔离**。他们可能无法察觉自己的情绪或忽视他人的情绪需求，以一种"冷漠"的方式与他人互动。这种隔离策略能帮助他们在短期内逃避痛苦和脆弱感，但长此以往，他们会丧失深刻体验情感的能力，变得疏离、孤单，难以建立深刻的亲密关系。

本书第六章将继续探讨在自恋型家庭中成长的个体经常使用的几种不成熟的心理防御机制，并分析它们对个体心理健康和人际关系的不利影响。

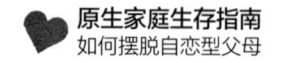

典型案例分析：自恋型家庭的幸存者

前面我们总结了自恋型父母可能给孩子留下的10种伤痕。这些伤痕深刻影响了孩子的心理成长和人格发展，甚至可能伴随他们一生。在这一节中，我们将通过案例分析来说明这些伤痕的具体表现及其对个体生活的影响，帮助读者更清晰地理解自恋型家庭的幸存者所面临的心理困境。这些案例不仅揭示了伤害的多样性和复杂性，也展现了疗愈过程中的挑战与希望。

案例1：童年优秀而迷失自我的人

陈涛从小就是"别人家的孩子"，几乎一直顺风顺水。小学和初中的他，经常拿到年级第一，但他非常在意别人的看法，内心始终感到自卑，总觉得自己"不过如此"。拿到好成绩，他并没有过多的成就感，只是觉得"总算有了一个交代"。面对自己不擅长的领域，他经常选择逃避，极度害怕失败。

陈涛的父母都是功利心很强的人。他们来自农村，通过努力考上大学，找到了不错的工作，成为家族中的骄傲。因此，他们也希望自己的儿子能够"更上一层楼"，以此进一步证明他们的成功。他们对陈涛的教育十分严格，比如很少夸奖，即使陈涛考了99分，也会因为没拿满分而挨骂。如果成绩稍有不佳，可能还会面临不许吃饭的惩罚，甚至被罚站在家门口。此外，任何体现个性的东西都不被允许，比如穿新潮的衣服、理出格的发型，都可能引来父母的责骂。

第三章
幸存者的伤痕：难以抹去的创伤印记

在这样的环境中，陈涛过早失去了童真，变得功利心很强。他有着强烈的竞争意识，努力追求优异表现，因此在学业、体育、文艺方面都较同龄人表现优秀。他只结交比自己更优秀的人，或是与年长的人玩耍，觉得同龄人幼稚而不值得交往。

小学和初中阶段，陈涛确实表现优秀，成绩经常位居年级第一，这大大助长了他的自恋心理。然而到了高中，情况开始转变。他进入了一所市重点高中，竞争异常激烈，再怎么努力，他的成绩也只能维持在中等偏上。更糟的是，高考发挥不佳，最终他只考上一所普通的一本院校，这与他所期望的高校相距甚远。他变得越来越不合群，经常感到孤独。

作为心理咨询师，我经常遇到像陈涛这样童年优秀但迷失自我的来访者。他们从小被父母逼迫着背负成功的期望，很早就意识到"父母并不喜欢真实的我，只有优秀才能得到父母的爱"。成功的现实与"我不好"的感受矛盾并存，这种状态带来了极大的心理压力，让他们缺乏真挚的朋友关系，也使他们在重大挫折（如高考失利或失恋）后容易陷入长期抑郁。

成长于类似家庭中的孩子，成年后往往表现出以下三个典型特点：

首先，童年时表现优秀的人，失去了过往的辉煌后，容易形成**过于高远的理想自我**，这是严苛超我的一部分。他们试图通过不断追求卓越，重返"优秀者"的行列。他们认同了这个优秀形象，并将其视为人生目标。正因为如此，他们永远对现状不满，总是在不断与别人竞争。

在每个阶段，他们都会给自己制订过高的目标。比如中学时要考上名校，大学时要得国奖并找到一流工作，工作后要尽快实现财富自由等。他们一直在奋斗，永不停歇，轻松的生活离他们很远。

他们非常害怕失败，任何失败——无论是成绩、能力、性格还是魅力上的失败——都能让他们陷入强烈的自我怀疑和自我攻击，甚至引发抑郁情绪。过于高远的理想自我使童年优秀者时刻有紧迫感，总是背负着证明自己的压力，无法放松地享受生活。

其次，他们的人际关系往往**基于功利需求**，充满了竞争和比较，而非轻松、真诚的情感交流。他们关心的是自己是否重要，是否能成为群体的核心，而对他人并没有太多的兴趣。他们时刻在比较，害怕落后，极力追求领先，过度的竞争心态不仅让自己紧张，也给周围人带来压力。他们倾向于贬低不如自己的人，这导致他们难以与他人建立深入的关系。

在人际关系中，他们常处于"表演状态"，呈现出假我的一面，努力赢得别人的喜欢和赞赏。然而，他们不敢在人际互动中放松，因为害怕别人发现自己真实的样子。人际关系对他们来说，更多是一种负担，而非联结和滋养。

最后，他们对成功形象很执着，而**不敢做真实的自己**。他们常常压抑内心对更有意义生活的追求。他们也有自己的梦想和理想生活，比如成为自由职业者、旅游博主，或者去农村支教，结束一段不快乐的亲密关系等。但他们没有勇气追求，因为他们过于依赖成功的外在身份来定义自我。如果让他们放弃这个成功的身份去追求自己想要的生活，他们会陷入"我是个失败者，我什么都不是"的焦虑中。

因此，他们的不快乐也源于不敢实现自己的梦想——这些梦想可能离成功很远，却是真实的内心渴望。对成功的执着使他们无法追寻自我，这种内在的遗憾也成为他们人生中长期未解决的痛。某种程度上，他们的真实自我依然在自恋型家庭中瑟瑟发抖，没有成长起来。

陈涛的故事揭示了在苛刻家庭环境中成长的孩子，即便在外界看来"成功"，内心却始终挣扎。过于高远的理想自我，缺乏真诚的情感联结，以及对成功形象的执着，令他们难以追寻真实的自我，无法获得内心的平静与幸福。要走出这种困境，需要他们勇敢面对内心，打破对外界认可的依赖，重新建立自我认同和追求更有意义的生活。

案例2：家庭角色错位的长女

一位网友分享了她的内心痛苦："我是家里的长女，下面有弟弟和妹妹。从小学开始，爸爸妈妈就外出工作，我们三个孩子由爷爷奶奶抚养长大。从小家人就告诉我，我是老大，应该承担一些家务，于是我一直帮忙洗衣做饭，照顾弟弟妹妹。以前觉得这是理所当然的，因为我是姐姐，应该为家里分担一些压力。可最近几年，我越来越觉得难过，对爸爸妈妈来说，仿佛我做的一切都是应尽的责任，从未得到过任何肯定。越来越多的往事涌上心头，我感觉自己很小的时候就没被当作孩子对待，反倒像是家里的保姆。"

在一些家庭中，孩子往往承担了"成年人的角色"，这种现象在多子女家庭中，尤其是长女的身上更为常见。特别是在重男轻女的家庭里，长女往往会不自觉地成为父母或弟弟妹妹们的照顾者。

在弟弟妹妹出生之前，长女或许曾是父母的"掌上明珠"，能够获得充足的关爱和宠溺（具体情况因家庭而异，在重男轻女的家庭中则较为少见）。然而，随着弟弟妹妹的出生，长女的地位逐渐被取代，这种转变带来了巨大的心理冲击。长女看到一个又一个新的竞争者出现，感到父母的爱被剥夺了，这会激发她强烈的嫉妒与不安。她可能会对弟弟妹妹感到愤怒，甚至有时会忍不住希望他们不存在。然而，现实和道德的压力让她无法宣泄这些愤怒，于是，这些情绪转而内化，形成了一种对自己的严苛要求。

这种身份转变是一次自恋的打击，长女会迫切想要重新赢回父母的关注。然而，她逐渐发现撒娇、耍赖只会让父母更加反感，他们甚至会责备她"越来越不懂事"。于是，她意识到，只有懂事听话，为父母分担忧愁，才能重新获得关注。当她按照这种方式行事时，父母的态度果然缓和了，邻居、亲戚也纷纷称赞她，这些外界的赞许补偿了她自恋的受挫感。

当长女表现得懂事听话后，父母会逐渐认为她已经长大，不再需要过多的关注和照顾。在他们眼里，长女不再是孩子，而是家里的帮手。一些情感脆弱的父母，尤其是母亲，甚至会将家庭矛盾、亲戚冲突等问题向长女倾诉，寻求情感支持。如果母亲在婚姻中得不到丈夫的关爱，或者父亲无法承担起应有的家庭责任，长女往往会不自觉地成为母亲的情感寄托，甚至承担起照顾弟弟妹妹的责任。

在父母关系糟糕的家庭中，长女不得不承担起协调者的角色。父母把彼此不能直接向对方表达的要求和情感，委托这位长女去表达。为了让父母关系好转，长女可能背上这个包袱，立志去缓和父母的关系，为此付出了很多心力。

在这种家庭环境中，长女不得不压抑自己孩童的天性，过早地成熟起来。她常常给人留下"小大人"的印象，行事风格也更像成年人。比如，一个一年级的小学生在被问到为什么要努力学习时，她回答："为了让我爸爸不再那么辛苦。"周围人在夸赞她懂事的同时，难免也感到一丝辛酸。

有些长女会逐渐习惯并认同这些角色——父母的帮手、弟弟妹妹的照顾者，并承担这些责任。然而，她们的内心深处往往隐藏着未表达的愤怒。这种愤怒一般会在她们进入高中、大学或步入社会后逐渐浮现。随着她们接触到更多的世界，看到其他家庭的不同相处方式，那些长久压抑的情感终于得以释放。

她们开始意识到，自己曾以为的家庭常态其实并不正常，自己其实是家庭中的"牺牲品"。这种觉醒往往伴随着自我认同的混乱以及轻度的抑郁情绪。她们不得不面对长期缺爱的现实，重新审视自己情感匮乏的童年。曾经引以为豪的"长女"角色，此时反而让她们感到羞愧与后悔。

类似的情况并不仅限于多子女家庭。独生子女家庭，或多子女家庭中的其他成员，也可能在父母关系不和或父母缺少同理心的情况下，承担起照顾父母的责任。当父母情感不稳定时，往往会将压力转移到某个孩子身上，导致孩子不得不放弃童年，过早地扮演起成年人的角色。

这些孩子属于被父母"自恋性使用"的工具，没有被当成一个"可爱的人"来对待。在这种家庭环境中成长的孩子，尽管在社会上可能表现得适应良好，但内心往往缺乏安全感，因为他们没有可以依靠的情感支持。当他们终于摆脱原生家庭的束缚，成为一个自由独立的人时，通常会格外珍惜这种自由，因此可能会推迟进入亲密关系，甚至推迟成为父母。

案例3：容易成瘾的人

小曹的父母工作都很忙，所以小曹早早就"独立"了。幼儿园大班时，他每天都独自在路口等待校车。晚上家中空无一人，他就看着电视进入梦乡。为了排解孤独，小曹渐渐迷上了游戏。有一次，小曹因为玩得太晚而没完成作业，父亲大发雷霆，把他拉到房间角落狠狠地揍了一顿。

到了初中，小曹的游戏成瘾愈演愈烈。一次，小曹因为整夜玩游戏而错过了学校的月考，父亲发现此事后怒不可遏，两人爆发了激烈的冲突。

为了控制小曹的网瘾，父母决定将他送到一个网瘾矫治机构。到达机构后，小曹发现里面的生活异常严格，每天需要早起跑步、做军训式训练，稍有不从就会被惩罚。他非常讨厌这样的氛围，多次与教官发生冲突，但也遭受了严厉的惩罚。从机构出来后，他与父母的关系变得日益对立。

小曹的强烈抵抗让母亲第一次对自己的教育方式产生了动

第三章
幸存者的伤痕：难以抹去的创伤印记

摇。母亲的态度开始转变，面对小曹的要求几乎不再拒绝，甚至主动说："你想要什么就和我说，妈妈再也不会逼你了。"然而，这种溺爱并未让小曹感到心安，他几乎整天待在房间里，很少和人交流。后来他曾经有一段时间奋发图强，勉强考上了大学。但在大学期间，他基本不去上课，每天仍然沉迷于游戏。

小曹的成长经历反映了典型的情感忽视和家庭矛盾对个人发展的深远影响。小曹从小没有被当作孩子来对待，过早承受了与年龄不相符的独立责任，却没有得到必要的情感支持。父母对他的态度充满矛盾——父亲的暴躁、母亲的不作为和过高的独立期待，都让小曹在情感上缺乏安全感。

游戏成瘾成了他缓解内心孤独和焦虑的出口，但这一行为被父母视为懒散和不成器的表现。网瘾矫治机构的经历让小曹经历了新的心理创伤，使他对父母的不满进一步加深。

如何理解小曹对游戏的强烈依赖？由于早年缺少父母的陪伴和支持，小曹的自体感是不稳定、虚弱和不完整的。他常常感到内心空虚、孤独和抑郁，他的情绪调节能力并不强。游戏成了他填补内心空白、逃避痛苦的方式。当他沉浸于游戏时，游戏带来的熟悉感、安全感和力量感，让他体验到了自体客体的三大心理需求——镜映、理想化父母和密友的支持。这些童年时期没有得到满足的心理需求，通过游戏得到了替代性的补偿。

一般来说，成瘾者往往对成瘾活动带来的损害毫无察觉。他们容易在成瘾中迷失自我，否认成瘾带来的问题，最终对身心造成难以挽回的损害。在成瘾状态下，成瘾者沉浸在虚假的满足感中，甚至狂妄地认为自己可以控制一切，直到现实击溃了他们的

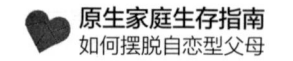

幻想。小曹虽然聪明，但他过度沉迷于游戏，最终对学业和生活产生了极大的负面影响。多年来，他没能学到多少有价值的知识和技能，也没能建立起健康的友谊。

成瘾行为在最严重的情况下，表现为无法自控地追求刺激。这种行为从最初的快乐追求，逐渐演变为一种自我伤害性的强迫行为。例如，有些成瘾者会连续几天玩游戏，反复进行自慰，或经常酗酒至酩酊大醉。他们对成瘾行为感到痛苦，但无法停止，内心甚至会出现一种"就让我这样下去吧"的声音。他们一边追逐刺激，一边幻想自己就此结束生命。

如果我们深入了解成瘾者的心理状况，就会发现他们内在存在着强烈的破坏性力量。这种破坏性力量有两个主要的去向：

1. 指向外界，导致反社会行为

有研究表明，早年未能与养护者建立安全依恋，或者经历长期分离、频繁更换养护者的孩子，可能会发展出精神病态人格，出现反社会行为。对44名少年小偷的生活史分析发现，其中17人曾在5岁前经历过长时间的分离，这表明不稳定的成长环境容易激发内在的破坏性力量，进而导致问题行为。

2. 升华为追求成就，通过在工作、财富或人际关系上的成功来获得释放

许多有破坏性倾向的人喜欢挑战和冒险，追求在悬崖边缘行走的感觉。尽管有时他们会取得一定的成就，但他们往往会在不自觉中破坏这些成就，之后再重新开始。这种模式往往是他们无

第三章
幸存者的伤痕：难以抹去的创伤印记

法摆脱的内在循环。当外界成功的途径受阻，比如事业失败、升迁受阻或关系破裂，这种破坏性力量有时会指向自身，表现为成瘾行为或自杀冲动。

小曹的破坏性力量在他的人生中多次显现。心情不好时，他会找人打架，喜欢欺负同学。他在小学和初中时与同学关系不佳，经常做出暴力行为，导致同学们对他敬而远之。在被送到网瘾机构时，他与工作人员发生过激烈的冲突，甚至多次尝试自杀。在恋爱关系中，他常以自杀威胁女友，希望通过这一极端方式维系感情。

此外，小曹也迷恋冒险和刺激的活动。大学后期，他曾沉迷于炒股，试图通过快速致富来获取对人生的掌控感。他也尝试过创业，梦想一夜暴富。然而，这些冒险行为都以失败告终，进一步加深了他的挫败感和孤独感。

小曹的破坏性力量源自童年时期缺少情感养育而形成的脆弱自体。无论是别人的拒绝、抛弃，还是学业或关系中的挫折，都会让他的自体陷入崩溃，进而引发强烈的愤怒。这种愤怒不仅指向外界，表现为与他人之间的冲突和反社会行为；也可能转向自身，变成失控的成瘾行为和自杀冲动。

幸运的是，小曹在成长过程中遇到了几位重要的支持者。他的母亲在意识到自己的错误后，逐渐给予了他更多的呵护与引导。而他的一两个好友也始终在旁鼓励他，这些支持使他避免了进一步的破坏性行为。尽管过程跌跌撞撞，他最终还是完成了学业，并找到了工作。

案例4：抗拒婚姻的人

马莉在结束了一段漫长而无果的爱情之后，一直没有再谈恋爱。多年过去，虽然她才33岁，依旧外貌出众，事业也很成功，但成家方面的问题困扰着她。马莉的母亲一直在催促她结婚。在母亲的压力下，马莉相了几次亲，但都无疾而终。不是那些人她都看不上，而是她总觉得自己会像父亲一样，陷入一段"被控制"的关系。随着时间的推移，马莉越来越感觉自己不愿意结婚生子，只想保持单身。尽管她知道单身生活会面临许多社会压力，但一想到婚姻和生育，她就感到浑身不自在。

马莉的母亲是一个情绪化的人，但凡有一点不顺心，她就能把事情搞得很大。本该作为一家之主的父亲在家中没有任何话语权，经常被母亲嘲笑和辱骂。马莉从小就是母亲和父亲之间的"缓冲垫"——母亲似乎把所有的不满都转化成了对马莉的高期望，希望她未来能够"有出息"；而父亲总是让马莉去把母亲哄高兴，这样他就耳根清净。

马莉小时候很懂事听话，一点也不让母亲操心，学业成绩一直很优秀。但是不知道为什么，读大学后，马莉开始尽量避免回家，每次回家后，她都会感到烦躁和疲惫。她越来越讨厌自己那个永远以自我为中心的母亲，对"懦弱"的父亲也感到失望。在那段失败的爱情长跑之后，她更是打消了结婚成家的念头。

在心理咨询的案例中，不想结婚或生育的女性并不少见。有些人愿意结婚但拒绝生育，而有些人则对婚姻和生育都持抗拒态度。她们通常从很早的时候就有一种坚定的信念："我将来不会要孩子。"这类女性的原生家庭体验非常糟糕,对家庭缺乏安全感和归属感,因此她们不愿意重复早年的痛苦,不想组建自己的家庭。

无论从生物遗传还是文化传统的角度,结婚和生育都有其合理性。因此,一个人选择放弃婚姻和生育,往往是受强烈的负面情绪驱使,比如恐惧或愤怒。相比于父母缺失或离异造成的创伤,成长于自恋型家庭中的孩子更容易在成年后抗拒结婚和生育。我们从以下几个方面探讨其原因。

1. 强烈的反抗

自恋型父母极为重视面子,对于他们来说,孩子不结婚生子是一种"丢脸"的行为。因此,父母会用尽一切手段逼迫孩子结婚生子。然而,成年后的孩子清楚地感受到,父母的要求并非出于对他们的关心,而是为了满足父母自己的需求。父母并不关心孩子为何抗拒婚姻和生育,只是一味地施压。

成年后的孩子不愿意再被父母控制,尤其是在婚姻和生育问题上,他们往往会强烈反抗。一方面,他们确实没有做好结婚生子的准备;另一方面,反抗父母的控制使他们感到一种久违的自由与喜悦。即便内心深处有结婚生子的愿望,他们也会因为知道这会让父母高兴而产生强烈的愤怒。通过不结婚、不生育,他们颠覆了与父母的关系:这一次,父母是有求于他们,而不是相反。

2. 对重现早年心理创伤的恐惧

成为父母的过程可能会唤起早年的心理创伤。比如,产后抑郁不仅与激素变化有关,还可能与初为人母的过程中重现了自己婴儿期的无助感有关。为了避免重新体验这种痛苦，选择不结婚生子对她们来说是最安全的途径。

如果她们选择结婚生子，可能会因焦虑和恐惧而难以与孩子建立亲密关系，或在育儿过程中表现得过度用力或小心翼翼。她们对自己的育儿能力缺乏信心，害怕给孩子带来负面影响。这种恐惧往往源自她们早年对自己父母的恐惧。

3. 对自由与自主的无限渴望

她们好不容易逃离了令人窒息的原生家庭，开始享受独立与自由。她们不愿再让婚姻或孩子束缚自己。内心深处，她们感到无助和窒息，这种感受源自她们面对控制、忽视甚至虐待她们的父母时的经历。因此，她们渴望保持自由，逃避那些令人窒息的体验。

稳定的关系往往让她们感到空虚与压抑。为了避免这种情绪，一些人会选择开放的性关系，因为更多的选择让她们感觉精力充沛，感到被爱与被需要。她们甚至会离家很远，去追求自由自在的生活，远离家庭是她们内心深处的渴望。

4. 对亲子依恋的恐惧

她们早年的亲子关系充满了恐惧、敌意、侵入和拒绝。在与父母的关系中，她们感受到的不是安全与放松，而是紧张与害怕。她们并没有体验过作为孩子被父母无条件接纳的感觉。只有当她们表现得让父母满意时，父母才会表现出高兴，否则迎接她们的就是情感虐待和道德绑架。

想到未来要与自己的孩子建立亲密的依恋关系，她们感受到的不是温馨与亲密，更多的是陌生与恐惧。她们不相信自己能够与孩子形成健康的亲子关系。

5. 不愿认同父母

成为父母意味着某种程度上对自己父母的认同。一个被父母深爱的孩子，在独立成人后，通过组建家庭、成为父母，与自己的父母保持心理上的联结。然而，对于那些与父母的关系充满痛苦的人来说，恨的情感阻碍了这种认同。

通过不结婚生子，她们在心理上与父母保持了距离。她们内心深处讨厌父母，尤其是父母中的某一方，这种厌恶感阻碍了她们对父母的心理认同。

6. 一种恨的表达

对父母充满爱的人会通过生育来延续父母的血脉，将孩子视为送给父母的礼物。而不生育，则成为对父母最强烈的反击与报复。通过不结婚生子，她们向父母传达："你们曾经伤害了我，现在你们也看到了后果。"然而，自恋型父母通常无法看到孩子的痛苦与需求，只会关注自己未被满足的愿望，并因此更加逼迫孩子。

总体来说，成长于自恋型家庭中的孩子，在成年后往往会对婚姻和生育产生抗拒。婚姻对她们而言是难以逾越的障碍，生育则是更为艰难的一步。也许随着时间的推移，她们的想法会有所改变，这可能表明早年的创伤在某种程度上得到治愈。她们开始走出原生家庭的阴影，与父母和解，并逐渐认同家庭与爱的意义。

从父母的角度来看，只有当他们真正理解并尊重孩子的内心愿望，无条件支持她们的选择时，成年后孩子那种反抗与怨恨的情绪才会减少，内心深处的结婚或生育愿望才可能被觉察到。而那些迫于父母或社会压力而结婚生子的女性，往往会因未解决的创伤而陷入抑郁、焦虑，或者与孩子疏远，导致育儿过程中的情感困境。只有当她们克服了早年的心理创伤，才能建立更健康的亲子关系和内在平衡。

案例5：长期不快乐的人

一位网友分享了他的情绪困扰，他写道："我经常觉得自己缺乏爱，仿佛一直孤立无援。虽然现在已经成年，但不快乐的感觉始终围绕着我。我常常回想过去，越想越清楚地意识到，自己的成长中缺乏关注，承受了过多的压力和枷锁，而这一切似乎都与我的母亲有关。"

他说，小时候，母亲对他抱有极高的期待。无论是学习成绩还是个人表现，她总是对他提出极高的要求。他回忆道："小时候，如果成绩没有达到她的标准，她会很长时间不高兴。我曾试着告诉她，自己已经尽力了，但她只会不断地骂我没用。"

他还提到，母亲对他生活的每一个细节都关注得很紧，比如每天的学习时间、交朋友的范围，甚至他的兴趣爱好都受到严格限制。"有一次我偷偷参加了学校的篮球比赛，因为耽误了晚上

第三章
幸存者的伤痕：难以抹去的创伤印记

的作业，她就一直骂我到半夜，认为我没出息。"

"现在，我知道自己的生活应该靠自己掌控，努力工作就能慢慢让生活变好。但过去的无力和绝望感，总是像阴影一样笼罩着我。我经常会想起那些时候，总觉得心里还是很痛，而且总是莫名地不开心。"他最后写道："我不知道为什么，即使成年了，这些不快乐的情绪还是挥之不去。"

在生活中，长期不快乐的人并不少见。通常情况下，他们的不快乐并未达到明显的抑郁程度，更多的只是无法感到真正的开心；偶尔的快乐也如同水面上的波纹，稍纵即逝。有时，他们会经历短暂的情绪崩溃，比如躺在床上几天不愿起身，不停刷手机，没有动力做该做的事情。他们往往在不得不面对的外在压力下才勉强振作，慢慢恢复心情。

长期的不快乐常与人格问题相关。人格健康的人能够在自尊、关系和情绪等方面进行良好的自我调节，对他人有客观准确的认知，能与他人形成深厚的情感联结。这种能力为快乐体验奠定了坚实的基础，帮助他们有效地缓解压力和消极情绪，并持续获取积极的情感体验。

如果成长过程中长期缺乏爱，或者缺乏成熟的爱（比如只关注物质和身体上的照顾，而忽视情感的需求），再加上父母可能具有自恋型人格或家庭环境中的不利因素，便会导致人格发育缺陷。这些缺陷表现为关系上的疏离与冲突、自我认同的薄弱、低自尊或自尊不稳定、情绪调节能力不足，以及对世界和他人的不切实际认知。

这位网友的母亲可能存在自恋的病理倾向，长期将孩子当作实现自己期望的工具，而忽视了孩子承受的压力。从小到大，他一直试图迎合母亲的期望，为她争光，但内心的痛苦只能独自消化。由于缺乏健康的成长环境，他逐渐形成一定的人格缺陷。

人格问题不仅影响到与他人建立良好关系的能力（缺乏情感支持），也妨碍了内在和外在压力的缓解（负面情绪积累），使个体难以确立长期目标和方向（缺乏成就感和意义感），最终导致了长期的不快乐状态。接下来，我们来具体了解一下这三个导致长期不快乐的因素。

1. 难以与他人形成亲密联结，缺乏情感滋养

由于人格上的问题，他们在建立亲密关系方面缺乏能力。即便他们可能具备足够的社交技巧，能够短暂吸引他人，但时间一长，往往就会疏远对方，缺乏维系长期关系的能力。他们或许表面上显得亲切、友好，能让别人感到舒适，但内心深处常对他人保持疏离与防备，甚至隐藏着敌意。

高质量的人际关系有助于缓解压力、宣泄负面情绪、提升自我价值感，并增强身心健康。相反，长期孤独的人因为缺乏这些积极因素，压力无法得到释放，负面情绪得不到排解，最终对心理和身体健康都会产生不利影响。

某种程度上，这些人格缺陷者像是"情感孤儿"。他们可能在社会上表面适应得不错，甚至在学业或工作上取得一定成就，但他们的内心像一座座孤岛，难以与他人建立真正的情感联结。心理学家曾观察过孤儿院的孩子，他们常常难以与他人亲近，缺乏健康孩子该有的开朗、自信，取而代之的是退缩、恐惧和对他

人的防备。一些人格缺陷者虽不至于像孤儿院的孩子那般严重，但也同样在情感联结上遭遇了困境。

2. 未解决的内在和外在压力，导致负面情绪积累

人格缺陷者往往有许多未解决的心理困扰，比如反复自问："为什么我总是感到不开心？""怎样活才有意义？""我应该如何选择人生的方向？"他们常常回忆童年的不快乐经历。许多人早已解决或放下了这些问题，他们却长期无法解脱。这些问题成为内在压力的源泉，带来了抑郁、空虚、无意义感等负面情绪。

他们常常受到"空虚型抑郁"的折磨，表现为缺乏明显的悲伤感，更多的是感到内在的空洞与匮乏、无价值感，以及缺乏快乐。这是一种未能实现理想自我、自尊受挫所导致的抑郁，而非"关系型抑郁"，后者是由于失去重要关系而产生的情感失落。

与此同时，现实中的压力与挑战无处不在，比如与他人的竞争、经济压力、人际冲突、工作与学业的负担等。人格健全的人能够将压力转化为动力，拥有应对压力的策略和方法，能够在面对挑战时成长。而人格缺陷者因被内在压力困扰，往往采取逃避与消极的态度，难以从压力中成长，容易陷入各种负面情绪，甚至出现心理和生理上的问题。

3. 缺乏投入的目标与方向，成就感与意义感缺失

当一个人有了明确的目标和方向，心理能量便会得到集中，积极的情感如归属感、成就感和意义感自然产生。相反，缺乏目标和方向的人，心理能量分散且中断，难以体验到成就感和意义

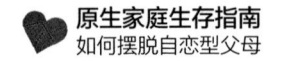

感，反而更多地感到挫败与沮丧。

拥有长期投入的目标与方向是人格成熟的标志之一。人格健全者已经完成了自我整合，能够清晰认识自我，并客观看待世界。他们超越了夸大自恋的干扰，能够在工作与学习中找到满足感和自尊。同时，他们也解决了与他人的关系问题，愿意与世界和解，贡献自己的力量，这便是心理学家阿德勒所说的"社会感"。

人格缺陷者容易被极端的态度左右，对自己、他人和世界有着过高的期待与要求。他们往往在目标的选择中反复动摇，难以真正投入当下的工作或学习，从而失去了成就感与意义感的来源。正如一些人在恋爱中总是寻找"最完美的人"，而错失"还不错的人"，他们在目标选择上也往往抱有过于理想化的期待，导致最终一无所获。

缺乏情感滋养、负面情绪积累，以及成就感与意义感的缺失，这三个因素交织在一起，容易导致长期不快乐。如果能够在其中的一个或多个方面实现改善，心情便有可能逐渐好转。这也为改变提供了正确的思路：改善关系，建立情感联结，缓解内外压力，确立投入的目标与方向。具体的理念和方法，将在接下来的章节中展开。

案例6：习惯于讨好顺从的人

小李是一名项目经理，平时工作任务繁重，经常需要加班。他总感觉工作压力很大，不仅因为工作本身，还因为其他同事总是拜托他办事。这天，同事小张急匆匆地来找他："小李，这

第三章
幸存者的伤痕：难以抹去的创伤印记

份报告特别紧急，我今天实在来不及做完了，你能不能帮我一下？"小李看了一眼文件，他很想拒绝："我最近手头也很紧张，可能……"但小张随即补充道："我真的没有其他办法了，只能找你帮忙，真的很感谢你。"

小李抬头看了小张一眼，脸上显出一丝为难，但最终还是点了点头："好吧，我尽量帮你完成。"为了完成这份报告，小李午休时间几乎都在电脑前度过，工作到下午时，他的眼睛已经有些疲惫。晚上，他又加班到深夜，把手头的任务和小张的报告都勉强做完。

第二天早晨的例会上，老板注意到小李负责的项目进度延误，当着大家的面批评了他："你是项目经理，进度这块怎么能这么拖呢？"小李低着头听完老板的批评，双手交握在桌面上，默默点了点头，轻声说："我会尽快调整。"他没有提及自己是为帮同事做报告而影响了工作进度，只是把批评默默地接受下来。

小李的行为反映了他在职场中典型的"讨好型"模式。面对同事的请求，他明知自己时间和精力有限，却难以拒绝，担心说"不"会破坏人际关系，甚至让别人对自己产生不好的看法。他的犹豫和勉强表明，他在处理个人需求与他人期望之间感到冲突和不安。

在受到老板的批评时，小李选择了沉默，没有为自己辩解，甚至将责任全部归结于自己的能力不足。这种行为可能源于他害怕被认为"找借口"而进一步损害自己的形象，但同时也让他感到压抑和委屈。他的疲惫、失落和自我怀疑反映了长期压抑自我需求、忽视情感表达所带来的心理负担。

生活中，像小李这样习惯于讨好顺从的人并不少见。讨好型人格反映了一种内在的关系模式：他人被视为高高在上的"爱"的给予者，而自己则是渴求爱、内心匮乏的个体。他们不是直接表达自己的需求，而是通过顺从和照顾他人，来间接获取爱与认同。一般来说，讨好型人格者通常具备以下特征：

1. 习惯性顺从

他们很少生气，尤其在面对重要人物时，几乎不敢表露真实的情感和需求，特别是当他们觉得这些情感会让别人不愉快时。他们通过压抑或过分掩饰的方式来防御自己的攻击性，甚至连对他人产生负面情感的机会都不给自己。比如，当他们对某人生气时，反而会表现得格外热情，以掩盖内心的真实感受，避免让对方不舒服。

2. 对他人的需求过度敏感

他们通常极其擅长察言观色，能够迅速捕捉他人的心思，并及时满足对方的需求。这种能力让他们在社交中表现得十分贴心。在家庭中，他们往往被视为孝顺的模范，特别是面对难以讨好的长辈时，只要他们出面，长辈就会开心起来。在职场上，由于他们能够敏锐地洞察领导的需求，如果再具备一定的能力，职场发展也会比较顺利。在亲子关系中，讨好型特质的父母通常被认为是"好父母"，但由于他们可能过度关注和照顾孩子，反而容易培养出依赖性强、不自信的孩子。

3. 容易承担过多责任和压力

他们的自我价值高度依赖于他人的认可。如果失去了他人的赞扬和肯定，他们就会感到被抛弃，认为自己一无是处。因此，他们背负了很多责任与压力，其中许多是主动承担的，也有的是因为无法拒绝他人的要求而产生的。他们会为了家人或领导的满意，牺牲自己的需求。

4. 难以拒绝他人，缺乏自主性

他们不敢展现出独立的一面，认为那样会被他人视作自私或霸道，进而失去他人的喜爱。因此，拒绝别人成为他们最纠结的处境。即使在做自己的选择时，他们也往往感到困难。即便咨询了许多人的意见，依然无法下定决心。而当他们为他人做决定时，反倒更有主见。他们往往渴望有人能为他们的生活负责，因此容易轻信那些自信、强势的人，甚至不惜放弃自己的立场。

5. 关注点通常集中在长辈、孩子、领导或其他亲朋好友身上，往往忽视了亲密关系中的伴侣需求

尽管他们通过讨好他人获得了外界的认同与赞赏，却会让伴侣感到被忽视、嫉妒和不安，无法从他们身上获得情感的回馈。因此，讨好型人格者虽然在其他人际关系中获得了"爱"的满足，却经常在伴侣关系中出现问题，导致许多讨好型人格者的亲密关系并不幸福。

讨好型人格的形成，通常与情感忽视、情感剥削的自恋型原

生家庭密不可分。在自恋型原生家庭中，父母一方或双方都有明显的自恋特质，在关系中存在嫉妒、剥削、自我中心、缺乏同理心等特点，而且情绪波动大，容易暴怒或脆弱。

这些父母往往缺少给予爱的能力，经常在情感上剥削孩子，让孩子为自己服务。孩子从小就被训练成需要顺从、照顾父母的角色，一切以父母为中心才行，否则就会被情感操控或虐待。久而久之，亲子角色发生了逆转，孩子成了照顾者，而父母则成了被照顾的对象。这种早年的关系也会延伸到成年后的人际关系中，他们会不自觉地成为照顾者和牺牲者。

小李的母亲经常"生病"，每当她头痛或不舒服时，小李总是主动照顾她，倒水、做家务，尽量让母亲感到轻松。父亲常年早出晚归，很少参与家庭生活，小李便在无形中成为家庭的主要照顾者和情感支柱。邻居们常夸他"懂事"，母亲也经常说："幸好有你。"小李因此感到一种被需要的满足感。他从小就承担家务，陪伴母亲，甚至倾听她对父亲的不满，而这种"懂事"让他逐渐忽略了自己的情感需求。

当你探究讨好型人格者的原生家庭，常常能发现不和睦的父母。情绪失衡的一方经常向孩子倾诉，以求得情感安慰。当面临家庭经济困难的状况时，孩子更是要承担起养育家庭的责任。如果孩子在学业或能力上比较优秀，父母会把改变家庭命运的希望寄托在他们身上，往往直接表达出来甚至反复强调。例如，小李的母亲经常会对他念叨："你爸我指望不上了，你一定要给我争气。"在这样的家庭氛围中，小李不得不放弃自我的需要和感受，过早承担家庭的重担。

此外，自恋型父母经常打压孩子的自我。当孩子的需求或情感与父母不一致时，父母不是尊重与理解，而是强势拒绝。长此以往，孩子便学会了自我放弃，顺从父母以维持表面的和谐，但代价是低自主性和在某些场景下呈现出的反抗特质。

因此，讨好型人格实际上是在被忽视或压制的环境下发展出来的行为模式。通过讨好和顺从，他们得到了周围人的喜欢与赞赏，缓解了关系的紧张。这种人格特质既是他们价值感的来源，又带来了不可避免的压力、自卑、低自主性以及亲密关系中的困境。

案例 7：有幽闭恐惧症的人

张华与单位同事一起外出参观了一处地下景点。进入景点后，周围的空气显得闷热而沉重，狭窄的空间让人活动受限。张华站在一旁，表情逐渐紧张，他的手不自觉地握成拳，额头冒出细细的汗珠。他开始感到呼吸急促，胸口像是被什么压住了一样。尽管努力保持平静，他的眼神却显得有些游离。他赶紧低声对身边的同事说："我有点不舒服，先出去透透气。"随即，他快速向出口走去，步伐略显匆忙。

几天后，张华去商场购物时，身处拥挤的人群中，他突然感到心跳加速，心脏像是被什么无形的东西攥紧了一样。他的脸色变得苍白，双手不自觉地紧贴着身体。他环顾四周，似乎在寻找可以让他感到安全的出口。最终，他放下购物篮，轻声对自己说："得赶紧出去。"然后迅速离开了商场。

类似的情况也出现在乘坐公交车时。一次，张华坐在靠窗的位置，车辆行驶途中，他突然感觉胸口发闷，手心微微出汗。他将视线转向窗外，但过了一会儿，他的脚开始轻轻抖动，手掌用力地抓住座椅边缘。他咬着牙，小声念叨着："没事的，坚持一下。"他试着用腹式呼吸让自己平静下来，但整个人依然显得很不安。

张华的经历可能与幽闭恐惧症相关，其典型表现包括在封闭或人多的环境中产生强烈的恐惧感。他在这些情境中感到强烈的不适，并通过寻找出口或快速离开来缓解这种不适。他的行为和身体反应，如出汗、呼吸急促、心跳加速、寻找出口、步伐匆忙等，都符合惊恐发作的典型特征。

惊恐发作通常发生在那些一时无法离开的场所（如飞机、火车、密闭房间等），引发的是一种被束缚、无处可逃的恐惧感。比如，当你坐上飞机时，意味着在接下来的几小时内你无法离开，或当你进入地下溶洞时，只有慢慢走出溶洞才能回到地面。这时，你失去了自由与自主的掌控感。

这种恐惧感反映出一种关系模式，在这种关系中，一方失去了自主权，完全依赖另一方，暂时处于无力掌控的状态。那些对自主与自由有强烈需求的人，尤其害怕失去控制权，这种无力感会使他们极度焦虑。他们感到把自己交给别人是极其危险的，但如果问他们危险来自何处，他们可能说不出具体原因。

在一次心理咨询中，张华回忆起了一个模糊的童年片段。他闭上眼睛，悲伤地说道："我好像坐在婴儿车里，哭得很厉害，脸上是惊恐的表情。周围好像没有其他人，只有我父亲站在旁边。他一动不动，低头看着我。"说到这里，张华皱起眉头，沉默了一

第三章
幸存者的伤痕：难以抹去的创伤印记

会儿，然后轻声补充道："这可能不是记忆，只是一种幻想。"

他回忆起自己十几岁时与奶奶的一次争吵。那次，奶奶责备父亲自私，故意不给她家门钥匙，是为了将她赶走。张华激动地为父亲辩护，认为奶奶误解了父亲，他绝不会是那样的人。然而，奶奶气愤地回击："你以为你爸爸对你多好吗？你小时候在婴儿车里哭得厉害，他就站在旁边，一动不动。"张华听后没有再争辩，脸色僵硬，低下头，没有继续说话。

也许正是奶奶无意间说出的这句话，激发了张华的幻想。虽然他不记得那件事的细节，但奶奶的话让他形成了模糊的"记忆"。事实上，这个幻想也与他对父亲的感受密切相关。尽管张华口头上不愿承认父亲的冷漠，但他内心深处相信父亲确实如此。在那次争吵中，张华拼命为父亲辩护，实际上是在自欺欺人。出于对父亲的爱，他不愿面对父亲冷漠自私的事实。

随着对真实感受的接纳，张华回忆起了与父亲相处时的种种痛苦经历。他发现自己几乎没有从父亲身上获得过温暖。作为家庭中的"替罪羊"，他觉得父亲更偏爱聪明伶俐、善于表达的姐姐，而自己内向木讷。小时候，他常常被评价为"笨""蠢""没用"，父亲发怒时，言辞恶毒，经常骂得他心痛不已，甚至辱骂会持续一两小时。他只能默默承受这些攻击，既无助又麻木。自小他就对父亲充满了恐惧，尽管渴望父亲的爱，却不敢与他亲近。

这些回忆让张华恍如隔世。他意识到，尽管他已离开原生家庭多年，但童年创伤仍然影响着他。这些痛苦经历形成了一种内化的关系模式：他处于弱势，受控于强势的父亲。在这种模式中，他除了恐惧与无助，别无他法。任何会唤起这种关系模式的情境，尤其是那些封闭的、暂时无法逃离的场所（如飞机、火车、隧道等），都会激发他的焦虑。

从自体心理学的角度来看，张华的父亲（以及他的奶奶）都是缺乏情感回应的人。张华对婴儿期的幻想其实具有深刻的心理意义，它象征性地反映了他所成长的家庭环境——缺乏情感回应的自恋型家庭。

在这样的家庭中，张华的情感需求未能得到充分满足，最终形成一个脆弱的自体，容易在压力或挫折下崩溃。张华出现幽闭恐惧症，并非偶然。那段时间他失去了他情感依赖的对象（女友），内心正处于情绪不稳定、自体脆弱的状态，当他进入密闭空间，这种令人压抑的氛围让那个脆弱的自体一下子崩溃了，他体验到强烈的恐惧。这种情绪反应与他不断回避这些场所的行为相结合，逐渐发展成了幽闭恐惧症或场所恐惧症。

自恋型父母会让孩子长期处于无助与恐惧的状态，形成这种内在的关系模式。他们对密闭空间的恐惧，对有约束的关系（如婚姻或亲子关系）的恐惧，源自害怕再次陷入失去控制权的情境。他们也可能在关系中表现出强烈的控制欲，只有在掌控局面时，才会感到安全。他们的控制倾向会在新关系中显现出来。

总结来说，张华的幽闭恐惧并不是单纯的空间恐惧，而是内心深处的童年创伤在成年后的一种再现。理解这一点有助于他面对内心深处的恐惧，从而打破这些限制他生活的无形枷锁。

第三章
幸存者的伤痕：难以抹去的创伤印记

案例8：待在家里觉得很压抑的人

一个七八岁的小女孩，常常在外面玩到天完全黑了才回家。她蹲在巷子角落，用树枝在地上画着圆圈，听到不远处传来的大人呼喊声时，身体一震，但没有立刻起身。她嘟囔着："再待一会儿，反正回去也会被骂。"最后，她磨蹭了很久，才慢吞吞地往家走，脸上带着一丝无奈。

一个十来岁的小男孩，和伙伴们在泥地里踢球，满脸都是汗和灰。他笑得很开心，但天色渐暗时，他突然停下脚步，低头看着自己的衣服和鞋子，用手小心地擦掉鞋面上的泥渍。他跟伙伴们挥手告别时，声音低了很多："明天见吧，我得回去了。"在家门口，他用手拍拍头发上的灰，试图掩盖玩耍的痕迹，然后轻轻推开门，探头看了看屋里。

一个成绩优异的高中生，坐在书桌前，手中的笔在纸上划动，时不时停下来盯着作业本，眉头紧锁。他叹了口气，看着窗外低声自语："一定要考上离这里最远的大学。"他的眼神中带着一丝倔强，但声音听起来有些疲惫。

以上三位都深感家中的压抑，时刻渴望远离。家理应是安全、温馨的港湾，对于他们来说，却成了令人窒息的牢笼。在自恋型原生家庭中，父母常对孩子进行严苛的管束，设立种种限制；父母情绪不稳定，家中时常充斥着争吵与打骂；他们缺乏同理心，很难理解孩子的内心世界。面对这样的父母，孩子感到深深的恐惧、无助和绝望。对他们而言，家不仅未能提供温暖与支持，反而成为压迫与折磨的来源。

尽管如此，很多人因为各种原因无法真正离开家庭，或者对家有着某种难以割舍的情感牵挂。留在家中时，他们常常感到压抑，因此渴望"透透气"——出去散步，去图书馆，徒步旅行，看电影或打游戏，总是寻找一些独处或自由的空间。工作后，这些人往往不愿在一个地方久留，隔几年便会换工作，甚至换职业。自由成了他们内心最强烈的渴望，如果这种渴望得不到满足，还会产生一些心理症状。

精神分析家梅兰妮·克莱因在《关于孤独感》一文中提到的一个案例，揭示了热爱大自然与对母亲的敌意之间的内在联系。

这是一个并非不快乐，也没有生病的男人，他不论在工作和关系中都相当成功。爱好大自然一直是他的重要特征。甚至从最早的童年开始，到了户外他就会找到抚慰和满足。在一次会谈时段中，他描述了在一趟旅程中穿过丘陵地带的愉悦，以及当他进入城市时的反感。为了了解个案如何在与乡村的关系中克服他的孤独，我们必须追随他某些关于童年时期和大自然的联想。

他告诉我他应该是一个快乐的婴儿，受到母亲的妥善喂养。他很快知道他对母亲的健康感到担忧，也知道他对母亲相当纪律严明的态度感到愤恨。他觉得自己在家里是被包围着的，并且觉察到一种急迫的想要出门的渴求。他很早就发展出对大自然美丽的欣赏，一旦有更多的自由可以出门，这就会变成他最大的乐趣。

这位男性患有幽闭恐惧症，他有一种强迫性想要出门的需求。他的幽闭恐惧症来源于两种恐惧：一是被母亲控制和束缚的恐惧；二是被内在的怨恨情绪所包围的恐惧。他对城市的逃避，正是对这两种恐惧的防御。他对家和母亲的关联使他感到孤独，而这种孤独感正是他对城市厌恶的根源。大自然带给他的自由和愉悦，不仅仅是一种享受，更是对内心深处孤独感的反制。

成长在自恋型原生家庭中的孩子，常常会有一种内心某部分"死去"的感觉。这种感受源自他们的内在关系体验——一个处于弱势、被控制的自体，面对强势、控制的父母，以及由此产生的无助、恐惧和窒息感。这种体验是他们原生家庭关系在内心的复制，并成为时常折磨自己，时刻想要摆脱的感觉。

这种感觉在不同情境下都会被触发，比如进入一个体制内的单位、结婚，或者承担了某种长期的责任（如成为父母）。这些情境常伴随着压抑、不快乐和束缚感。他们往往通过离开体制内的工作，成为自由职业者，或是发生婚外情等方式，试图挣脱这种束缚感。

他们对自由有着极度的渴望，热衷于户外活动、旅行、自由职业，甚至包括开放式的性关系，只有这样他们才能感到轻松和有活力。他们对于大自然有强烈的热爱：海洋、山川、天空，所有带给他们自由与奔放感觉的事物，都会唤醒他们内在的生命活力。相反，进入一段长期稳定的关系，或是在同一份工作岗位上长期待着，甚至在同一个城市或国家长时间生活，都会让他们感到窒息和内心"死亡"，时不时地萌生逃离的冲动。

由于自恋型原生家庭带来的压抑感，许多人在考上大学或工作后选择远离家庭，前往更远的城市或国家继续深造或工作。他们意识到，只有足够的距离才能让自己感到安全。尽管他们心中仍对家庭有所眷恋，依然怀有对父母的感情，但只有在远离的情

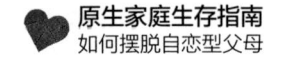

况下,他们才能以某种方式维持与父母的联系。如果他们缺乏离开的勇气,或无法挣脱父母的控制和束缚,他们往往会感到深深的不快乐,甚至在抑郁和自杀的边缘徘徊。

案例9:想要毁掉自己的人

一位网友留言讲述了自己的经历。他写道:"每次我取得一点成绩,母亲都会到处跟人炫耀,并说'都是因为我教得好,他才有今天的成绩'。她说这些话时,总是一脸得意,好像这些成就真的和她有直接关系。"留言中提到,他的母亲情绪不稳定,有时对事情的判断让人摸不着头脑。小时候,母亲常常对他很严格,但凡出了问题,就会把责任推给他。

他说:"有时候我会觉得自己脑子里出现了一些很极端的想法,比如,想杀死自己证明母亲是错的,她的人生是失败的。"写到这里,他停顿了一下,接着补充道:"其实我并不想这样,也不希望这些想法一直留在我的脑子里。"最后,他提道:"我害怕我的这些阴暗想法会影响未来的生活,但我不知道该怎么办。"

通过这位网友的描述,我们不难发现这位母亲有着明显的自恋特征:爱夸耀、自我中心、情感剥削、同理心缺失。她越是想证明孩子的成就来自她的功劳,越反映了她的心虚。这位母亲也许潜在地知道并没能给孩子多大的帮助,但她害怕认识和面对这一点,所以采取自欺欺人的方式来保护自己。一个真正爱孩子的母亲无须向他人炫耀自己的付出,亲子双方深切的情感联结,母亲内在对孩子的深情厚意,根本不需要外在的证明。

第三章
幸存者的伤痕：难以抹去的创伤印记

在亲子关系中，父母如果能够意识到自己爱的缺失，意识到自己在扶养孩子过程中的错误，这种认识也许会让他们痛苦，但开启了修复亲子关系的可能。一段能够谈论负面感受，并且这些感受能够被尊重和理解的关系才是好关系。只可惜因为自身的空洞和无价值感，自恋型父母无法直面现实，他们需要否认自己的错误，活在自己"完美"母亲（父亲）的幻想里，以支撑他们脆弱的自尊。

当关系中的负面感受无法表达，或者即使表达了，对方也根本听不到，那么，这样的关系必然是脆弱的、虚假的，随时有破裂的可能。也许表面上很和谐，但内心很疏远，疏远到只需要让对方存在，却不想有情感交流。这也许是很多自恋型家庭亲子关系的状况。

在糟糕亲子关系中的孩子经常处于崩溃的边缘，内心存在着大量的怨恨。有些孩子最深的渴望就是远离家庭，甚至在内心深处，可能是希望父母早点离开这个世界，那样的话，他们才彻底脱离了控制，真正"解放"了。那些幻想着自杀或者杀死父母，或者真的那样做了的人，内心一直有这种同归于尽的冲动。

出于自我保存的本能，或者文化的约束，很多孩子不会采取极端的方式来表达怨恨，替代的方式是摧毁自己的生活。"你们不是想用我的成功来炫耀你们自己吗？那我就让自己不成功吧！"这是他们内心的声音。

正如这位网友，他幻想着通过让自己过得很糟糕，或者真的让自己过上糟糕的生活来报复父母。那些自己的生活过得一团糟的人，我们可以猜想其内心有大量无法表达的怨恨。通过一种将**攻击指向自身**的心理防御机制，他们将无法直接对父母表达的怨恨指向了自己。

另一种方式是通过**报复性的成功**来打败父母，证明没有了他们，自己可以过得更好！他们试图与父母划清界限，一直想要证明给自己、父母或其他人看到：我所取得的成就绝不是因为他们，而是靠我自己！这对应着在成长过程中，这些孩子的努力、聪明才智、主动付出等从未被父母看到。这些父母很少真心欣赏或认可孩子的优秀，更多时候表现出的是无尽的不满、苛责、逼迫和含糊不清的夸奖。

然而，报复性的成功并不能真正让他们感到满足，反而成为内心巨大压力的来源。他们总是处在不断奋斗、不懈努力的状态中，无法真正停下来面对自己、面对生活。他们内心是煎熬的，经常处于三种心理状态之中。

1. 永远不满意自己

对于他们来说，成功的本质是对父母的"报复"，他们对自己的成就很难感到真正的满足。即使已经取得不少成就，他们仍然觉得自己"还不够好"，还需要更成功，才能彻底否定父母的影响。

2. 无法停止奋斗

报复性的成功让他们不断推高目标，甚至在实现目标后也无法停下来享受成果。他们总在一轮轮奋斗中循环，仿佛一旦停下来，内心的怨恨与空虚就会吞噬他们。

3. 内心深处的孤独

成功的背后是与父母情感的割裂。他们对父母的怨恨使他们很少愿意与父母分享成功的喜悦，即使形式上"尽到了责任"，情感上却保持着冷漠甚至抗拒。他们或许会履行表面的义务，但绝不会将自己的内心世界向父母敞开。

某种程度上，追求报复性的成功也会摧毁他们的生活。在长期高压之下，他们的亲密关系、生活状态、身体状况都不太好，甚至年纪轻轻就出现一些心身疾病，比如高血压、肠胃炎、冠心病等。我们不得不怀疑，这种过度追求的背后，也同样有一些指向自身的攻击。

从改变的角度来说，有机会时跟父母做一次深入的沟通是一个可行的选择。把自己多年来内心深处的愤怒和困惑告诉父母，这是一种值得尝试的冒险。当然，前提是父母有足够的自我反省及承受能力，如果没有这个基础，这种表达可能是有危险的。比如，情感脆弱的父母可能会愤怒地反击："你这个白眼狼。"

另一种选择是找到一个具有情感包容度的人，向其倾诉和表达那些未曾被允许、未能被看到的情绪。这个人可以是心理咨询师、亲密伴侣，或者任何一个能够接纳和理解你的情感经历的人。这种内心的释放有助于放下对父母的怨恨，站在更理性的视角看待自己的父母，那种指向自身的破坏性会逐渐得到缓解。

当然，悲观的情况是，很多孩子并不想跟父母和解，继续以摧毁自己的方式去表达怨恨，甚至宁愿把它带进坟墓。

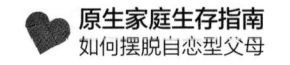

案例10：寻找创伤性联结的人

赵颖在离异后开始了一段新的恋情，她被马先生的魅力吸引，几乎全身心地投入这段感情中。马先生已经成家，他才华横溢，事业有成。最初的几个月，两人相处融洽，赵颖感到自己找到了久违的温暖。然而，有一天，马先生突然失去了联系。他的电话无人接听，消息始终没有回复，赵颖多次尝试寻找他却毫无结果。她坐在沙发上，紧紧将手机握在手里，时不时抬起头看向窗外，神情迷茫。内心的疑问让她反复思考："是我做错了什么吗？"她变得沉默，不再愿意出门，整天待在家里。

一个月后，马先生突然出现了。他站在赵颖家门口，低着头说道："对不起，这段时间我一直在纠结。我觉得我们的关系不太道德，但又舍不得你。"赵颖站在门口，没有立即回应，她的表情复杂，眼神里有疑惑，也有一丝期待。马先生继续说道："我真的爱你，以后绝不会再消失了。"听到这句话，赵颖的眼眶微微湿润，最终点了点头，两人重新确认了彼此的关系。

随后的一段时间里，马先生表现得十分关心赵颖。他会主动询问她的生活状况，偶尔带来一些小礼物，赵颖的情绪也渐渐明朗起来。然而，当她以为一切都变好了时，马先生再次无声无息地消失了。赵颖坐在空荡的房间里，嘴里轻声喃喃："为什么又是这样？"

这样的情况反复出现。每次马先生消失后，赵颖总是感到崩溃，但当他带着歉意回归时，她又无法抗拒他的解释和承诺。马先生有时会在争吵中提高嗓门，说出一些刺耳的话。每当这时，赵颖总是低头不语，双手握在一起，显得十分紧张。他还常常在谈话中提到其他可能的伴侣，或者反复强调自己对家人的责任感，让赵颖感到自己被比较或忽视。

尽管内心深知这种关系带来的痛苦，赵颖依然无法彻底离开。每当马先生再次出现时，她内心的挣扎与渴望总是让她选择妥协。她曾对朋友反复说道："我知道这样不好，可是我控制不了自己。"

赵颖与马先生的关系是一种典型的创伤性联结（Trauma Bonding）。这种关系是一种施虐与受虐交织的模式，马先生通过突然消失、言语羞辱、操控等虐待行为伤害赵颖，同时又通过回归和关怀来和解。赵颖作为受害者，尽管深知这种关系有问题，却被马先生深深吸引，无法摆脱。

赵颖并非没有遇到过真正爱她、给予她安全感的人，但那些人无法吸引她，她难以忍受这些关系中的平淡与乏味。她对那些拥有自恋特质、富有才华或权力的男人有强烈的迷恋，并有着征服的渴望。与这些人相处时，她能体验到如坐过山车般的情感起伏——恐惧与兴奋交织的快感。这种征服与被征服的刺激感让她深陷其中。正如心理学家帕特里克·卡恩斯所描述的，这是"误用恐惧、快感、性欲和性生理反应以求与他人建立情感联结的行为"。

在生活中，具有创伤性联结的人有以下特征：

1. 在痛苦与甜蜜之间摆荡

在这样的关系中，安全与稳定几乎不存在，要么是极致的爱，要么是极端的恨。双方争吵不断，但每次争吵过后短暂的平

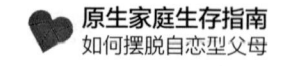

静期又充满了甜蜜与幸福。受害者的情绪被施害者深深掌控，很难找到真正的平静。

2. 受害者的需求极少得到满足

受害者习惯于照顾对方，愿意为对方付出一切，却忽视自己的需求，甚至不知道自己真正想要什么。他们的生活重心完全围绕着对方旋转，经常违背自己的意愿，只为取悦和讨好对方。

3. 自我怀疑加剧

施害者擅长让受害者不断怀疑自己。随着时间的推移，受害者的自信心逐渐消失，越来越不相信自己的判断。施害者会提供听似合理的理由，为自己的行为开脱，而受害者则变得更加疑惑，不敢为自己发声，最终选择迎合对方。

4. 自我感觉越来越糟

受害者常感到沮丧、焦虑、自卑和愤怒，甚至发现自己逐渐变得像施害者一样挑剔、易怒。情绪的恶化让他们自我感觉非常糟糕，甚至可能沉迷于游戏、酒精或其他成瘾性活动，试图麻痹自己。

5. 难以结束这段关系

创伤性联结关系具有上瘾性，受害者对施害者有着深深的依恋，甚至对方的伤害方式也成为吸引他们的一部分。尽管理智告诉他们这段关系不健康，但情感的牵绊让他们无法挣脱，陷入反

第三章
幸存者的伤痕：难以抹去的创伤印记

复的分手与复合循环。

创伤性联结为何难以摆脱？要理解其中的原因，我们可以尝试回溯个体过去的经历。以赵颖为例，我们尝试去理解她的原生家庭。

赵颖在一个充满自恋特点的家庭中成长。她的父母极其自私，很少对她展现真诚的关心。父亲暴躁易怒，经常对她进行言语和身体上的虐待；母亲则冷漠，专注于自己的事业，对女儿的需求漠不关心。父母关系糟糕，常常争吵不休，赵颖几乎无法从家庭中获得真正的爱和温暖，即使偶有温情，也转瞬即逝。

早年缺乏来自父母的关爱让赵颖觉得自己是"不好的"，认为自己拖累了父母。她唯有通过出色的成绩和不断地付出来缓解内心的负罪感，努力回报父母。

在她的幻想中，受虐与父亲的爱紧密相连。正如弗洛伊德在《一个被打的小孩》一文中提到的，孩子幻想被父亲打是为了获取父亲的爱。这种幻想混合了爱的渴望与内疚感，伴随着性满足的情感体验。赵颖渴望被父亲虐待，因为那意味着她被父亲所爱。对于从小缺爱的她来说，"打是亲，骂是爱"成为她唯一能体验到爱的方式。

在马先生身上，赵颖强烈感受到自己对爱的需求。马先生热情的眼神，他在她生病时嘘寒问暖的关心，以及他们的身体接触，这些都满足了她从未在父亲身上得到的爱。正因为这种对爱的强烈渴望，每当马先生展现柔情，表达对她的需求时，她总是一次又一次地选择原谅，情感防线也随之一次次坍塌。同时，马先生的自恋虐待行为——突然消失、反复拒绝、言而无信以及持续的贬低——又让她重温了童年时熟悉的痛苦和孤独。因此，这种关系模式既满足了她对爱的渴望，又重新唤起了她童年时的受虐幻想，从而对她有着无法摆脱的魔力。

我们还可以从客体关系❶的角度来理解对创伤性联结的沉迷。当儿童无法通过父母的镜映来发展他自己体验的心理表征时，他会将照料者的形象内化，作为自我表征的一部分。童年遭受虐待的人，往往会将施虐的父母形象内化为自我的一部分，成为"异化的自我"。这部分的存在可能导致自我攻击和自毁冲动。

- 自我攻击：内化的父母形象不断批判和否定个体，使个体陷入自我怀疑和低自尊的旋涡。
- 自毁冲动：内化的攻击性形象有时会对个体产生强烈的破坏性影响，甚至引发自残、自我惩罚或自杀的冲动。

为了缓解自我攻击和自毁冲动，个体会潜意识地通过"投射性认同"（具体见第六章）的过程，将"异化的自我"外化到另外一个人身上，让这个人按"异化的自我"的方式来行事，来代替自己惩罚"不够好的我"。通过这样的心理操作，一种指向自身的攻击冲动外化到了他人身上，减少了其对自我的攻击。

赵颖之所以对那些具有虐待特质的人产生深刻的依恋，是因为她在这些人身上无意识地投射了早年内化的虐待性父母形象。这种投射使她与这些人之间形成了一种特殊的心理连接，她甚至

---

❶ 客体关系（Object Relations）是精神分析理论中的一个重要概念，简单来说，它探讨的是我们如何通过与他人的关系（尤其是早期的亲子关系）形成对自我和他人的认知与情感结构。这里的客体通常指的是与我们有情感联系的人，比如父母、老师、伴侣，或者其他重要人物。

会不自觉地诱导对方以施虐性的方式对待自己,以重现童年时期的关系体验,并将折磨人的"异化的自我"外化出去。

赵颖对那些真心对她好的人感到无感,因为在那种健康的关系中,缺少了她熟悉的依恋与痛苦交织的情感体验,也无法将她的"异化的自我"外化出去。因此,这样的关系让她觉得平淡乏味,最终要么变成施虐者(通过投射性认同的方式唤起对方的攻击性),要么被再一次吸引回类似马先生那样的自恋型伴侣身边,继续陷入创伤性联结。

理解这种创伤性联结,深入探究重复性关系背后隐藏的童年创伤,觉察内心深处的渴望与冲突,并通过理性自我的力量逐步整合这些无意识的驱动力,或许能够帮助赵颖找到摆脱困境的出路。她可能会意识到并承认,自己所追求的并非真正的爱,而是由未解的童年创伤塑造出的关系模式。

下 篇
疗愈与自我重建

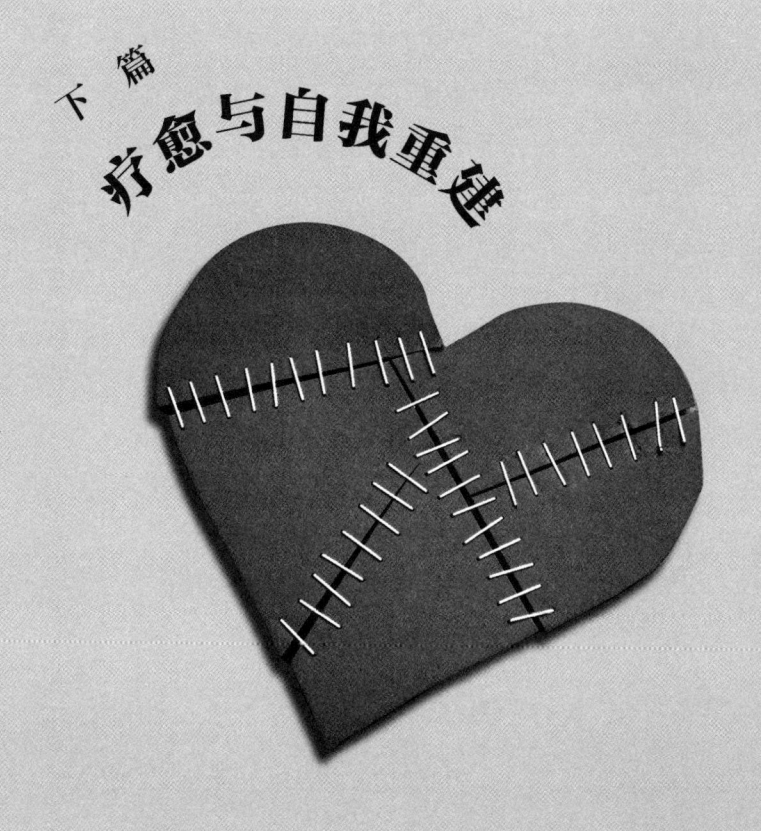

第四章
分离与重生：切断有毒的情感脐带

心理上脱离自恋型原生家庭是成长的第一步，但迈出这一步并不容易。自恋型父母通过撒谎和操控，掩盖家庭的真实情况，使孩子难以信任自己的感受和判断。如果成年后的孩子无法跨出这一步，他们往往会陷入强迫性重复的循环，在新的关系中不断重演原生家庭创伤。这种无意识的模式阻碍了个人的成长和幸福，唯有意识到这一点并主动突破，才能真正开启疗愈之旅。

从幻想到现实，直面原生家庭创伤

许多童年经历过严重创伤的人，在很长一段时间里并不愿意直面这些创伤。他们认为那些曾经带来伤害的父母其实是关心和爱护自己的。他们会将父母的伤害行为合理化，认为那是"为了自己好"，并且坚信是因为自己不够努力、不够乖巧，才导致了父母的虐待行为。他们习惯性地把错误归咎于自己，试图通过自己的努力去挽救原生家庭，让父母满意和开心。他们容易陷入与父母的过度依恋，无法正视父母本身存在的问题。

事实上，对父母的美化不过是一种幻想，这种幻想支撑他们度过痛苦的岁月。但随着成长和接触外界，特别是在离开家庭进入学校、职场或亲密关系后，他们会逐渐发现真相。这一觉醒过程可以看作是摆脱了"假我"——他们为了取悦父母而构建出的

第四章
分离与重生：切断有毒的情感脐带

扭曲自我。

当他们意识到父母并不是他们一直幻想中的那样充满爱与关怀时，内心的冲突和痛苦会被唤醒。很多人在此刻会经历心理上的崩溃，陷入暂时性的自我认同混乱。他们开始质疑自己长期坚持的信念和价值观，迷失未来发展的方向，变得愤世嫉俗，并感受到内心深处隐藏的愤怒和悲伤。这些情感曾经长期被压抑，但现在再也无法被掩盖。

陈浩通过努力考入了一所名牌大学。在进入大学的最初几个月，他试图融入新环境，但随着时间推移，他开始感到和同学之间有一种难以弥合的差距。他常常独自坐在图书馆的角落，面前摊着书，目光却游离在文字之外。他在寝室听到同学们谈论家庭旅行、兴趣爱好时，表情僵硬，手指轻轻叩着桌面，似乎有些不自在。

小时候的记忆逐渐浮现在陈浩脑海中。他想起自己坐在书桌前完成作业时，母亲在一旁紧盯着他的动作。他握笔的手微微颤抖，尽量让字迹工整。偶尔出错时，母亲的责备声让他低下头，不敢多说一句话。那些画面过去似乎被他忘记了，但如今又清晰地浮现，让他的胸口感到沉重。

进入大学后，陈浩开始回避与同学的接触。他走在校园里，总是低头看着手机或背包的拉链，避免与周围人眼神交汇。同学的聚会邀请，他经常以"我有事"为由婉拒。他一个人待在宿舍，盯着电脑屏幕，打开社交软件却不主动与人联系。

陈浩的父母一直关系紧张。小时候，父亲回家后经常与母亲争吵，而母亲会在争吵后对他说："你一定要好好学习，别像我们这样。"他说不出话,只是点点头。学习逐渐成为陈浩的生活重心。他曾对自己说:"只要考上名校,就可以摆脱这些了。"他投入了所有精力学习,却对其他事情,包括人际关系均失去了兴趣。

进入大学后,陈浩发现周围的同学似乎拥有更丰富的生活经验和更强的自信,这种对比让他感到不适。他想起曾经对父亲的美好幻想,认为父亲是一个关心家人的人,但通过与外界的接触,他逐渐意识到这些只是他自己编织的想法。事实上,父亲对他的生活几乎毫不关心,只是在经济上提供支持。至于母亲,陈浩逐渐明白,母亲的严厉更多是为了满足自己的面子,而不是关心他的感受。他的思绪变得混乱,深夜独坐在书桌前时,他轻声说道:"难道这才是真相?"

这些发现让陈浩陷入抑郁。他在大学四年里显得孤独,毕业后进入职场也始终感到空虚。工作日的晚上,他经常一个人坐在房间里,面对电脑发呆。他找不到活着的意义。尽管他仍然坚持完成每天的工作,但内心深处总是觉得疲惫。

像陈浩这样的个体,成长于自恋型原生家庭,往往在清醒地认识到原生家庭的问题之后,经历强烈的混乱、抑郁和迷茫。他们惊讶地发现,原生家庭的问题比他们曾经相信的要严重得多。自恋型家庭中的父母通常缺乏回应子女情感需求的能力,导致孩子产生脆弱的自体感。在这种环境中长大的孩子,常常幻想通过自己的努力拯救家庭、赢得父母的爱,但现实往往一再地粉碎这种幻想。他们不得不面对童年中情感匮乏和创伤的真相。

不过,这种觉醒的痛苦往往是疗愈的开端。精神分析学家约翰·鲍尔比提出的依恋理论认为,人类在安全的关系中才能发展

第四章
分离与重生：切断有毒的情感脐带

出健康的自我认同。无论是恋爱关系、深度友谊，还是与心理咨询师的关系，在安全的关系中，曾经历创伤的人们有机会将童年的伤痛表达出来，并且被倾听和理解。这种痛苦情感的识别、表达和理解是疗愈的核心。经过足够长时间的陪伴和支持，内心那个缺爱的孩子会逐渐被看见，压抑的愤怒也会得到释放，童年的创伤在一定程度上得以愈合。

尽管在这个过程中，可能还会残留一些未能解决的问题，比如习惯性的自卑和讨好，对亲密关系的回避和恐惧等，但那种持久的抑郁、焦虑和压抑感会逐渐消散，生活也会开始重新向前推进。他们能够逐渐重建自我认同，找到新的生活方向，建立新的关系。同时，他们通常会与父母找到新的相处方式，或选择保持安全的距离。

通过两年的心理咨询，陈浩最终正视了自己成长中的缺失，清楚地认识到父母的局限性。他本坚信自己可以改变父母，重新赢得他们的爱，但随着时间的推移，他逐渐接受了父母不会改变的现实。陈浩学会了与父母和平相处，他不再试图改变父母，而是开始回忆母亲偶尔的关爱和父亲在经济上的支持。他找到了与父母相处的新方式，同时也建立了自己的亲密关系，决心在自己未来的家庭中营造温暖与爱。

一些人，如陈浩，幸运地完成了自我觉醒和疗愈的过程，重新定义自我并找到了生活的新方向。而另一些人，可能要到中年之后才会完成这个过程。那些未能完成这一觉醒的人，往往会将童年的心理创伤重演在自己的孩子身上，这是最令人遗憾和痛心的事情。觉醒虽伴随着痛苦，但它也是成长与重生的开始。通过在新关系中重新认识自己,人们得以从原生家庭的创伤中走出,逐渐建立起更健康、更充满爱的生活。

与自恋型父母划清心理界限

在健康的家庭环境中,孩子会在适当的年龄离开原生家庭,独立发展自己的人生,这是一种自然的成长过程。虽然分离的过程会让人感到哀伤,但亲子之间爱的纽带不会因此而断裂。健康的原生家庭始终为孩子提供坚实的情感支持,帮助他们顺利过渡到独立生活的状态。

然而,对那些成长于自恋型家庭环境的孩子而言,摆脱这种有害的关系并开始独立常常是最为艰难的任务。虽然自恋型父母在情感上给孩子带来了伤害,但孩子往往无法在心理上真正脱离他们。即使物理距离已经拉开,孩子依然会因为内疚、愤怒或思念等情感而被束缚,从而无法彻底摆脱父母的控制。

李娜从小与母亲关系紧密。她的母亲很少表达情感,但对李娜的生活有着很强的掌控力。即使在李娜成年后,这种控制依然持续。李娜曾长期接受心理咨询,但每次来咨询室,她都带着母亲。在一次咨询中,咨询师问道:"你为什么会和母亲一起来呢?"李娜听后微微一怔,随后低头思考了一会儿,说:"因为……因为她一直和我一起啊。"她的语气带着不确定,目光游移不定,似乎在回想什么。她补充道:"从没想过这个问题,就是觉得习惯母亲在我身边了。"

李娜在咨询中谈到,有时候母亲的行为会让她感到不满甚至

第四章
分离与重生：切断有毒的情感脐带

害怕。比如小时候，母亲会严格控制她的饮食和作息，一旦她稍有违背，母亲就会拉下脸，一言不发地盯着她，让她不敢开口。长大后，虽然她已经可以独立生活，但每当与母亲分开，她总会感到莫名的不安。她说："好像只要她不在身边，我就会觉得心里空荡荡的，做什么事情都提不起劲。"

未完成的分离个体化

分离个体化（Separation–Individuation）指的是儿童在成长过程中如何从依赖照顾者的状态逐步发展出独立的自我意识和个体性。许多自恋型原生家庭的幸存者，分离个体化并没有很好地完成，形成与自恋型父母纠缠不清的关系。

根据精神分析学家玛格丽特·马勒的分离个体化理论及其他理论家的扩展研究，个体与父母的分离有两个关键阶段。第一个阶段发生在婴幼儿期（3岁左右），是个体自我意识和情感上的分离；第二个阶段则在青春期，主要涉及身份认同的建立和社会角色的形成。在这两个阶段，孩子逐步从依赖照顾者的状态，向独立自主的个体发展。

婴幼儿期的分离个体化是自我意识、情感调节和健康依赖关系发展的关键时刻。如果这一阶段由于父母的情感忽视、情绪不稳定等原因未能顺利完成，个体可能无法内化稳定的客体形象。这意味着他们很难从内部获得安全感和情感调节的能力，转而依赖外部关系。他们常常会过分依赖他人，渴求他人的认可，并将外界的评价视为自我价值的证明。

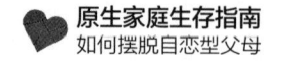

青春期也是一个关键的发展阶段。如果这一过程的分离个体化未能顺利进行（例如父母通过情感操控继续控制孩子），个体在身份认同、情感依赖、自我评价、情绪调节和社会适应方面可能出现明显的问题。这种未完成的分离将使他们在成年生活中难以获得心理和情感上的独立，从而影响其亲密关系、职业发展和个人成长。

李娜的母亲情绪不稳定，时常暴怒，对李娜的情感需求则常常忽视。小时候，李娜常常在母亲生气时缩在房间的角落，似乎在等待母亲的情绪平息。母亲对李娜的情感需求很少回应，更多的时候，李娜感到母亲只是希望她听话，以及她的行为符合母亲的期待。

母亲的控制和情绪不稳定，导致李娜未能内化一个稳定的爱的客体形象，阻碍了她的分离个体化过程。在心理上，李娜的状态停留在婴幼儿阶段，与母亲在情感上过度融合，边界模糊，无法实现独立。

在青春期和成年后，李娜本应逐步建立自己的独立生活，但她的母亲仍然紧紧纠缠她，情感上依赖李娜来满足自己的需求。母亲以关心、照顾为由，频繁干涉李娜的生活，阻止她建立新的人际关系、发展个人价值观和拓展自我空间。母亲还通过贬低李娜的选择，放大她的失败感，进一步削弱李娜的自主性。李娜在母亲的情感操控下缺乏自信，难以作出独立的选择。

李娜虽然在父母的安排下成为一名公务员，有着稳定的收入和不错的社会角色，但她根本不喜欢这份工作，无法从公务员的身份中获得价值和意义感。虽然她渴望摆脱这种不健康的母女关系，渴望去追寻自己感兴趣的事业，但由于缺乏力量和勇气，她害怕作出这样的选择，时不时地陷入焦虑和抑郁之中。

增强自我力量，有勇气脱离自恋型父母

李娜是在感到无助和绝望后才选择进行心理咨询的，而这成为她第一次正视原生家庭问题的契机。李娜逐渐回忆起与母亲相处的一些细节。她提到母亲时常以"为你好"为由干涉她的生活，比如每次她表达想做新工作的愿望时，母亲都会摇头："你现在的工作多稳定，别折腾了。"而当她试图坚持自己的想法时，母亲又会提高嗓门，说出一些让她感到羞愧的话。

通过多次咨询，李娜开始意识到母亲的"关心"背后的控制和压力。她提到小时候母亲的话语如何影响她，比如"你要是再这样，就没人会要你"之类的话，让她感到自己必须讨好母亲才能获得安全感。她皱起眉头说："以前好像不敢去想这些话有什么问题，只是觉得她说什么我都得听。"

心理咨询让李娜逐渐清晰地看到了她与母亲之间的关系模式，也让她感受到自己内心长期被压抑的想法和需求。她开始尝试为自己设定一些小目标，比如独自做一些决定，拒绝母亲对生活细节的过度干预。

一次咨询中，她对咨询师说道："我最近开始想，如果我辞掉工作，去一个新的城市会怎么样。"说这话时，她的语气中透着些许试探，但目光里多了一丝坚定。

最终，李娜辞去了她并不喜欢的公务员工作，搬到了一座新

的城市。她开始学习新的技能，尝试发展自己的兴趣爱好。在与母亲通话时，她对母亲的干预有了更多的边界意识，不再频繁回应母亲的批评。她说："我觉得有点轻松了，虽然还有些不习惯，但好像终于在做一些属于我自己的事情。"

事实上，心理成长的过程中，一个人逐渐脱离对父母或其他重要他人的依赖，形成独立的自我认同感和心理独立性，这是至关重要的。很多人之所以难以从糟糕的关系中脱身，通常是因为他们尚未完成这一心理发展过程。在关系中，他们习惯性地牺牲自我，特别是在面对自恋型父母时，更容易选择顺从与讨好，陷入与父母的情感纠缠。长此以往，这种模式会压抑他们的真实需求，导致他们逐渐丧失自我价值感，无法形成稳固的自我认同感。

此外，许多人生活在对原生家庭的美化中，不愿意面对家庭中长期存在的情感剥削与缺爱的现实。他们可能幻想，通过不断努力满足父母的期望，最终能得到父母的认可与无条件的爱。然而现实是，自恋型父母的情感需求永远没有止境，他们的爱永远是有条件的。这种虚幻的期待让个体无法从痛苦中解脱，反而越陷越深。

要真正从自恋型父母的掌控中脱身，首先，必须认清自恋型家庭的缺爱现实。接受自己无法从父母那里得到无条件的爱，这是心理独立的第一步。其次，增强自我坚定性，学会相信自己的判断和价值，逐步摆脱对父母的依赖，勇敢追寻自己的选择。与此同时，学会识别和应对父母的操控，特别是情感勒索、贬低和过度控制，设立清晰的界限，保护自己的情感健康。

最为关键的是，逐渐完成与原生家庭的分离，这不仅意味着

第四章
分离与重生：切断有毒的情感脐带

物理上的距离，也意味着心理上的独立。通过与父母保持健康的情感距离，重新定义与家庭的关系，从而真正开始为自己的人生负责。通过这些步骤，幸存者将能够摆脱过去的束缚，开启一段更自由、独立的生活旅程。

当然，由于幸存者与父母形成了不安全型依恋关系，亲子关系中充满着爱恨情仇，所以，当分离个体化真正进行时，幸存者往往会经历一个痛苦的过程，甚至会有强烈的抑郁体验。因为与自恋型父母的关系会被内化成为他们内心的一部分，当这段痛苦的关系失去之后，那些本来应该指向对方的愤怒，指向了自己。弗洛伊德曾在《哀伤和抑郁》一文中系统阐述了其中的心理机制。

另外，当离开一段不安全的关系之后，幸存者还会经历强烈的自尊受挫。他们会陷入严重的自我怀疑和自我否定之中，经常觉得自己是空洞、无价值、低劣的，他们还会体验到被抛弃的痛苦，觉得周围世界充满令人恐惧的东西。内心深处的不安全感再次被激活了，他们时不时陷入恐惧中。

当然，这些痛苦是可以通过一些方法来调适的，本书接下来的章节将深入探讨幸存者从原生家庭中脱离之后自我疗愈的过程，帮助你重获心理自由，建立健康的自我认同感与人际关系。

放下理想化期待，停止寻求得不到的爱

自恋型家庭的幸存者之所以难以脱离父母，一个重要的原因是他们始终没有放下对父母的理想化期待，始终在寻找一种得不

到的无条件的爱。他们试图从父母的言行中寻找爱的痕迹，甚至在长大成人后，仍然希望通过模仿父母的期望，成为他们所喜欢的样子来获得认可。这种理想化的期待也会转移到与权威人物以及与伴侣的关系中，呈现出过度依赖和控制的特点。

江枫的父母从他小时候起就很少关注他的情感需求。父亲经常忙于工作，很晚才回家，有时一整天都待在书房里；母亲则喜欢和朋友聚会，时常把江枫独自留在家中。每当他试图向父母寻求陪伴时，得到的回应通常是："等会儿再说，我很忙。"

偶尔，父母会表现出一些关心，比如在考试成绩优异时，父亲会摸着他的头说一句："不错。"但这样的时刻很少。父母有时也会为彼此的冷漠而争吵，争吵中常互相指责："你根本不管孩子！""你也一样！"江枫听着这些话，缩在房间的一角，低头摆弄手中的玩具，试图让自己不去在意。

成年后，尽管江枫已经在一家公司稳定工作多年，他仍然感到缺乏内心的安全感。他经常在安静的夜晚回想起小时候的情景，心里升起一种空落落的感觉。他偶尔会想要与父母沟通，但总是难以真正拨通电话。"打过去说什么呢？他们根本不会懂。"但内心深处，他又渴望与父母建立亲密的关系。

江枫常常问自己："是不是我做得还不够好？是不是因为我不够优秀，他们才不爱我？"这样的想法让他在工作中更加努力，但即便取得了成绩，他发现父母的态度依然没有太大改变。这种失落让他感到愤怒，有几次与父母的交流中，他忍不住提高了嗓门："你们为什么就不能多关心我一点？你们到底要我怎么做？"然而，父母通常会感到不耐烦，说道："你现在不是已经很

第四章
分离与重生：切断有毒的情感脐带

好了吗？怎么还这么多抱怨？"

这些对话让江枫感到深深的挫败。他曾试图通过更多地付出和努力来改善关系，但发现无论如何，父母的关心都是短暂的、表面的。他开始对亲子关系感到困惑和矛盾，经常暴怒。他虽然已经成年，但仍然时不时会因为生活琐事与父母争吵。他希望改变父母，他不愿意在这样的亲子关系下离开家庭。

永不放弃的正当性

精神分析学家玛莎·斯塔克曾提出，"永不放弃的正当性"（Relentless Entitlement）常见于那些有原生家庭创伤的人。他们坚持认为，父母应该改变，应该像他们期望的那样去爱他们，并且为过去的错误道歉，以弥补他们受到的伤害。这样的想法导致他们长期陷于与父母的纠缠，无法真正走出创伤，生活因此停滞。

一些人会将这种未满足的爱与认可的需求转移到其他权威人物身上，比如领导、老师或咨询师。他们对这些权威人物的态度极其敏感，强烈渴望获得认可。当得不到这种认同时，他们会感到深深受挫，继而产生强烈的愤怒与对抗。

在工作环境中，江枫的情感模式不知不觉间延续了他与父母的关系。他总是努力工作，期待自己的付出能得到领导的认可。起初，领导的表扬让他感到一丝满足。然而，当一次外出培训的机会被分配给另一名同事时，江枫感到了巨大的挫败。几天后，他在会议上情绪激动地质问领导："为什么不是我！"他的失态令在场的其他同事都感到错愕。

在与同事的日常相处中，江枫有意无意地希望同事们能更多地关注他。在午休时，如果同事们聊起某些话题，而他参与不进去，他会显得心不在焉，心里还会有一丝愤怒，觉得自己被忽视了。有时，同事开玩笑提到他时，他的表情会瞬间僵住，随后用稍显生硬的语气反击："你们这是在取笑我吗？"同事们往往一笑了之，但江枫的内心却久久无法平静。

在亲密关系中，江枫对伴侣的关注和爱有着极高的期待，迫切地想要伴侣把他放在第一位。他会反复问伴侣："你觉得我最近做得怎么样？"如果伴侣回答得含糊或者显得不够热情，他的心情就会变得低落。当伴侣因工作或其他事务无法陪伴他时，他常常感到不安。他经常质问伴侣："你最近是不是更在意工作？我们是不是没以前亲密了？"

性在江枫的亲密关系中扮演着重要角色，他认为性是维系感情的一种证明。他希望定期发生性行为，认为只有通过性才能确认这份爱依然存在。如果一段时间内没有性接触，他便会感到爱正在消失，并觉得伴侣在忽视或拒绝他。此外，江枫很难容忍与伴侣之间的短暂情感疏离。比如当伴侣因工作出差，无法相见时，他会产生强烈的不安，担心这份爱已经不在了。

理想化与贬低之间的摆荡

对于那些在早年生活中经历过情感匮乏的人，他们的情感需求常常带有强迫性和命令性。这种需求表现为对无条件的爱、关注和认可的渴求，尤其是对来自父母、权威人物或亲密伴侣的情感的渴求。他们渴望这些重要他人将自己视为生活中的优先项，满足其深刻的情感需求。当这些理想化的期望未能实现时，他们会不自觉地将对方贬低为冷漠或无能的形象，认为对方不愿或无法给予他们所需的情感支持。

他们与别人的关系，经常在理想化与贬低之间摆荡。当他们理想化别人时，认为对方什么都好，并对对方充满期待。他们强烈地希望对方是一个理想化的人物，给予自己无条件的爱和关注。当对方让他们失望时（比如对方跟他们有不一样的价值观和做法），他们就会强烈地讨厌对方，认为对方一无是处，并产生愤怒、排斥、敌意等情绪。

这种理想化与贬低之间的摆荡，让他们在关系中感到孤独和情感上的隔离，难以建立健康、稳定的关系联结，很多关系往往以突然的破裂告终。长此以往，他们可能发展出一种被迫害感或受害者心态，觉得自己在每段关系中都被忽视、伤害或拒绝。这种内在的痛苦往往是他们早年心理创伤的延续和放大。

穿越早年创伤，与原生家庭和解

通过一段长期的心理咨询，江枫逐渐意识到，他对周围人的理想化期待，是导致他痛苦及关系中持续冲突与紧张的根本原因。他早年未能从自恋型父母那里获得无条件的爱，因此渴望弥补童年时的情感缺憾，试图在每段关系中重新获得那种理想化的爱。然而，这种理想化的期望使他一再受挫。

在心理咨询的过程中，他不断识别、表达，逐渐理解了自己早年的匮乏、痛苦、孤独与愤怒。这一过程帮助江枫逐渐发展出更宽容、更理性的行为模式。他不再像以往那样被动等待他人的爱，而是愿意在亲密关系中主动付出和创造。在工作中，他开始专注于创造自己的价值，不再斤斤计较于利益得失。这种新的心态让他的人际关系发生了显著变化，关系中的积极互动越来越多。

真正的心理成长，在于逐渐停止对父母、权威人物或伴侣的无条件爱与认可的过度依赖。成长中的关键一步，是将那种强制性的"我必须得到爱"（一种理想化的期待）转化为"我希望得到爱"（现实的期待）。在这个过程中，他们需要认识到，成年后的关系大多数是有条件的。爱与认可不再是通过简单地依赖和要求获得，而是需要通过双方的努力、理解、沟通和付出来建立。这种意识的转变，不仅让他们在情感需求上变得更成熟，也帮助他们从关系中的被动依赖状态中解放出来。

特别是那些成长于自恋型家庭中的个体，他们需要深刻意识到，父母的爱是有限的，要么几乎没有，要么带有大量的条件和约束。自恋型父母更想要的是钦佩和赞美，并利用孩子来满足自己，而不是去关注孩子的内心需求。他们必须学会接受一个残酷的现实：他们的父母无法如他们期望中那样全情投入地爱他们，成年后的关系大都是有条件的。

当个体逐渐接受这一现实时，他们会重新面对早年未被满足的情感伤痛。这些伤痛可能会在与现实对抗的过程中反复浮现，使他们感到无助和脆弱。这是一个痛苦的过程，但也是疗愈的必要部分。通过正视并接纳这些未愈合的创伤，他们才能真正开始穿越内心的痛苦,从而找到自我接纳和成长的路径。

这一过程并不是一蹴而就的,而是一个持续、反复的修复过程。随着时间的推移,他们可能会逐渐学会不再将情感需求强加于他人,并学会在关系中找到平衡。接纳有限的爱,意味着接受他人是不完美的,意味着承认对方的独立性,并且愿意通过共同的努力去维系和深化关系,而不是一味地索求或期望无条件的给予。

哀悼无条件爱的缺失,拥抱"真我"

在我们的成长过程中,无条件的爱是一种宝贵的情感,它意味着一个孩子不需要通过"表现得好"或"达到某种期望"才能获得父母的关爱。这种爱不受成绩、外貌、行为的影响,它只因孩子的存在而存在。这种爱通常来自我们的父母或抚养者,帮助我们形成安全感、自尊感和内在稳定感。当然,并不是每个人都能在童年获得这种无条件的爱。对于那些早年经历了无条件爱的缺失的人来说,他们可能会在成年后不断寻求这种爱,试图弥补情感上的空缺。

哀悼童年时无条件爱的缺失是自我疗愈的重要过程。哀悼这个词,听起来通常与死亡联系在一起。确实,哀悼是我们失去某种重要客体时所经历的自然情感反应。这个失去的客体可能是爱人、亲人,或者是某种曾经非常依赖的情感纽带。而在心理学中,哀悼并不局限于失去某个人,它还可以包括失去一种机会、一段关系,或者某种希望。

当我们说到"哀悼童年时无条件爱的缺失"时,我们哀悼的是曾经应该存在但缺席的无条件的情感支持。尽管这种爱并非实体,但它的缺失对人的心理发展造成了相当真实的影响。哀悼不仅是面对失去,更是意识到并接纳曾经的情感缺失,重新定位自己,开始疗愈的过程。

叶蓉与父亲的关系一直充满矛盾,在每次心理咨询中,她都会抱怨父亲对她的忽视。在一次心理咨询中,她说道:"我记得有一次生病发烧,人很难受,我打电话让他回来,但他在麻将桌上玩得正起劲,说了一句'再等一会儿'。当时我躺在床上,感觉自己快要死了,但他迟迟没有回来。"

叶蓉的父母在她小时候离婚,她和父亲一起生活,但父亲很少主动参与她的成长。叶蓉回忆起小学时的很多夜晚,她都是独自一个人在家做作业,而父亲要么在外面与人打麻将,要么带着一群麻友来家里,在一片喧嚣声中打麻将到深夜。

叶蓉内心深爱着父亲,也渴望着父亲的爱。长大成家后,叶蓉为了照顾父亲,把父亲接过来一起住。她有时想让父亲承担更多的家庭责任,比如帮忙照顾孩子或分担家务,但父亲总是以各种理由推脱。父亲总是沉浸在自己的爱好中,很少会来留意她的困境。

在一次咨询中,咨询师直言道:"你的父亲缺乏爱的能力,他不仅不爱你,也不爱别人。他只关心那些对他有用的人,一旦目的达到,这种所谓的爱就消失了。你执着于让他改变,也许是不愿意承认这个现实。"

这句话让叶蓉愣了一下,她抬头看着咨询师,似乎想反驳,

第四章
分离与重生：切断有毒的情感脐带

但最终什么也没说。回家后，这句话在她脑海中反复浮现，她开始回忆起父亲对自己的态度，慢慢地意识到，这也许真的是事实。

叶蓉逐渐认识到，她一直试图修复与父亲的关系，希望父亲能够真正爱她。她对咨询师说："以前我一直告诉自己，他是爱我的，只是他不会表达。但现在我明白，他只是在需要我的时候才会表现出关心。"说到这里，她的眼神中多了一丝释然。

经过多次咨询，叶蓉开始接受父亲的局限性。她不再试图改变他，也不再期待从他那里获得情感上的满足。在最后一次提到父亲时，她说："我知道他就是这样的人了，他只能做他自己，而不是我想象中的样子。"

接受现实，放下执念

玛莎·斯塔克认为，哀悼是指直面某个客体的真实局限性，并承认无力改变这一状况。这一过程不仅涉及对客体的失望，也包含对失落的爱、陪伴与亲密感的哀悼。哀悼是痛苦的，但它也是走向心理成熟的必要一步。它意味着我们承认父母的局限性，并最终接受自己和他们都是独立的个体。

哀悼的人能够与悲伤共存，而抑郁的人拒绝哀悼。抑郁的人往往沉浸在内疚和自责中，无法面对现实，而哀悼的人则逐渐放下了这些负担，能够正视现实。这一过程让人不再执着于改变父母或他人，不再期望从外界获得弥补，而是接受自己从未获得某些东西的现实，并从中得到解脱。

也许是因为直面童年现实过于恐怖，或许是因为不想放弃对父母存留的美好幻想以及内心深处对父母的强烈怨恨，很多受伤的幸存者抗拒哀悼。他们可能深陷于与父母纠缠不清的关系中，或者用"自欺欺人"的方式告诉自己一切都好。即便他们走进心理咨询室，也往往更倾向于讨论当下的问题，而不愿过多触及童年创伤。直到他们愿意谈论过去，面对早年无条件爱的缺失，他们的疗愈才能真正有进展。

哀悼并不是一蹴而就的，它意味着允许自己感受内心的愤怒、痛苦、绝望和孤独，接受这些情感的存在。这也许会持续很长的时间，潜藏的愤怒、绝望等情感会时不时地浮现。当我们能够正视现实，承认父母不具备爱我们的能力，放下对他们不切实际的期望，愤怒与怨恨会逐渐消解。通过哀悼，我们学会了与自己的脆弱共处，内心的自我认同也随之增强。

哀悼让我们不再执着于改变他人，也不再强求从外界获得无条件的爱。取而代之的是一种平静和感激。我们开始感激当下拥有的东西，不再追求那些不切实际的补偿。最终，哀悼带来的是对自我和他人的接受，拥抱真实的自己，哪怕这种接受是建立在面对不完美的基础上。

拥抱"真我"

自恋型家庭的幸存者常常生活在取悦于他人的"假我"之中。他们潜在地感觉到真实的自己是不被接受的，是不可爱的，只有努力发展出符合他人期待的行为模式，自己才是"好的"。这种认知导致他们远离真我，陷入自我欺骗的幻想，丧失了活力

第四章
分离与重生：切断有毒的情感脐带

和创造力，时常会有自我认同的困惑。

哀悼的过程实际上是拥抱真我的过程，它帮助个体正视内心的孤独感和无助感，并学会从内在寻找自我价值，而不再过度依赖外界的情感支撑。以下三个途径有助于更好地完成对童年缺失的无条件爱的哀悼。

1. 培养自我关怀的习惯

那些从小未能感受到无条件爱的人，往往对自己要求过高，甚至常常陷入自我批评。他们需要学习如何在情感上支持自己，尤其是在脆弱的自我浮现时，依然能够相信自己值得被爱与关怀。通过自我关怀，个体可以逐步从过去的心理创伤中得到疗愈。下面有三个关键原则，可以帮助我们培养自我关怀的习惯。

（1）接纳自我，包容不完美的部分

学会接纳自己的缺点和不完美，允许自己偶尔犯错。我们不需要追求完美，而应该专注于成为能够不断成长和发展的个体。每个人都有缺点，而正是这些缺点塑造了一个真实的自我。接纳自己的不完美，才能够在面对挑战时保持灵活和坦然。

（2）学会原谅自己，宽恕过错

原谅自己所犯的错误，理解这些过错是生活的一部分，既可以接受也可以改变。我们可以将错误视作成长的机会，而不是自我批评的借口。当感到内心不安时，试着真诚地对自己说一声"我原谅你"，这种自我宽恕能够帮助你从负面情绪中解脱出来。

（3）在生活艰难时学会安慰自己

当工作、家庭或人际关系遇到挫折时，不要轻易陷入自我攻

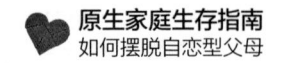

击。相反，给予自己温暖的关怀，告诉自己："让它去吧，这只是生命长河中的一部分。"像充满爱的父母安慰受伤的孩子一样，安抚自己，这能够帮助你度过难熬的时刻，保持心理上的坚韧。

2. 探索受伤的内在小孩

内在小孩是指每个人内心中尚未被疗愈、未完成的童年部分。许多成长于自恋型家庭的人，他们的内在小孩一直在渴望温暖的母爱。他们渴望被接纳和喜欢，希望得到他人的关注和认可。当他们感受到他人的拒绝、疏远或冷淡时，内在小孩便会产生强烈的愤怒、失望，甚至敌意。

在安静放松的状态下闭上眼睛，试着想象小时候的自己，可能是在一个特定的情境中，比如感到孤独、受伤、被忽视的时候。注意他的表情、姿态，感受他的情绪。在脑海中给内在小孩一个形象，也可以想象他的年龄、穿着和发型，越清晰越好，这有助于让内在小孩的形象更真实，方便进行对话。

然后，试着倾听他的表达，告诉他"我在这里陪着你""我知道你有情绪""我理解你的感受"。适时回应他的需要，承诺给予保护和陪伴，可以说："我会一直在这里保护你，不会让你再受伤害。"接着，在想象中给内在小孩一个温暖的拥抱，或者轻轻握住他的手，传递出你对他的爱与关怀。这种拥抱的意象能传达强烈的支持感。

冥想、心理咨询或自我分析也是与内在小孩建立联系的有效途径。通过这些方式，你可以倾听内在小孩的声音，理解他的情感需求，认识到这些缺失如何影响当下的情绪反应和关系模式，并用这些领悟来指引当下的生活。

3. 寻找支持系统

哀悼童年时无条件爱的缺失,往往伴随着强烈的负面情感,因此在这个过程中,找到一个安全的支持系统非常重要。亲密朋友、伴侣或心理咨询师能够为你提供情感支持,帮助你在情感脆弱时不至于感到孤立无援。与那些愿意倾听、理解并无条件支持你的人建立联系,可以加速你的疗愈过程,让你更快走出情感阴霾。

许多成长于自恋型家庭的来访者,通过长期的心理咨询,逐步回顾、探索、触碰并直面童年的心理创伤。在这个过程中,随着伤痛慢慢平复,他们也开始体验到更加健康的关系模式,重塑自我认知,情绪状态变得越来越稳定。心理咨询不仅帮他们解开了过去的情结,还为他们提供了一种重建内在安全感的机会,使他们能够获得更积极、健康的生活体验。

反操控实战:6 步掌握人生主导权

当幸存者试图脱离原生家庭时,必然会受到自恋型父母的干涉。如果成年后的幸存者仍然要与父母交往,也可能继续遭受他们的情感操控。以下 6 个步骤,有助于你坚持自我,并在与父母的相处中更好地保护自己。

限制或不再接触

一些个体在逐渐限制与父母的接触或完全断联后，内心意外地恢复了平静。他们发现，自己在与父母的相处中，曾经长期处于一种慢性应激状态。当他们远离父母，或者切断这种有害的关系之后，他们才真正意识到，自己一直生活在一个非常不健康的心理环境中。

小黄结婚后不久，母亲便开始干涉他的婚姻。母亲觉得儿媳的性格不好，对她不够尊重，多次劝小黄离婚。然而，小黄深爱他的妻子，且妻子在生活中对他体贴入微。面对母亲的道德绑架，小黄陷入了极大的内疚与困惑。母亲不断提及自己为他付出的一切，强调她的健康问题和生活中的困境，暗示小黄对她不孝顺，不尊重。逐渐地，小黄开始怀疑自己，觉得可能是自己对母亲太过冷漠，或许母亲是对的。

在这种咄咄逼人的情感操控下，小黄一度想要妥协——这也是他以往与母亲解决冲突的常见方式。妥协意味着短暂的平静，母亲不会再喋喋不休，他也可以获得片刻的安宁。然而，他的妻子无法接受这种妥协，小黄因此陷入两难，仿佛夹在两块巨大的石头之间，承受着双方的压力。

最终，小黄选择与母亲划清界限，并逐步减少接触。他停止接听母亲的电话，将她的微信拉入黑名单。以往，母亲每天都会发来大量的信息，不是抱怨生活的种种不满，就是批评他妻子的种种"缺点"。自从屏蔽了这些无休止的骚扰，小黄的世界终于获得了平静。他第一次感受到了内心的安宁，与妻子的关系也迅速升温。

尽管如此,小黄内心深处仍然存在一丝不安和内疚。他曾经认为,远离母亲,拒绝她的要求是一种"不孝"的表现,毕竟母亲曾为他付出良多。这种内疚或许是他母亲通过长期的心理操控植入他内心深处的,当他逐渐意识到母亲性格中的问题时,这种内疚慢慢消退了。他终于明白,远离母亲其实是一种有效的自我保护,母亲应当为这个结果负责,而不是由他来承担。

做一块"灰石"

面对自恋型父母喋喋不休的指责,一些孩子逐渐通过"灰石策略"(Gray Stone)来应对,即让自己像一块无动于衷的石头,不管对方怎么指责或羞辱,都不为所动。这种策略帮助他们在面对情感操控和压迫时保持心理防御,避免受到进一步伤害。那些在自恋型父母身边长大的孩子,或与自恋者建立亲密关系的伴侣,往往会不自觉地养成这种防御策略。

一位男子与自恋的丈母娘相处多年。丈母娘常常忽视他的尊严,不时说出一些刻薄且带有羞辱性的话。比如,当他做得不够完美时,丈母娘会不客气地评论:"你这样也算是个男人吗?"男子听到这些话时,脸色常常变得阴沉,内心充满愤怒和悲伤。起初,他会试图反驳,语气激烈,甚至与丈母娘争吵,但这也让他身心俱疲。

随着时间的推移,他开始意识到与丈母娘激烈对抗并不会带来任何改变,只会让他更加痛苦。他逐渐学会了不再把丈母娘的言语放在心上。每次丈母娘试图挑衅，他都选择保持冷静，一笑了之，将她的言辞视作无关紧要的空气。他不再在意丈母娘的攻击性言辞，而是将她当作一个不值得认真对待的人。

许多人之所以难以承受他人的指责，是因为他们认同了对方的评价，认为对方的指责是真实的反映。事实上，自恋型父母对孩子的负面评价往往是他们自身问题的投射。一旦意识到这一点，孩子就能把那些评价当成"耳边风"，内心毫无波澜。

不要陷入争论

与理性且具备反思能力的人进行争论，通常是有意义的。争论不仅是表达个人观点和情绪的机会，还能增进对彼此的了解，减少误解。然而，与自恋者的争论往往不能解决任何问题，反而会引发他们的强烈愤怒，并使问题变得更加复杂。应尽量避免与自恋型父母争论，因为与他们争论有时就像陷入流沙，越挣扎陷得越深，情绪也会越糟糕。以下三点有助于你避免与自恋者的争论。

1. 及时离开

当你意识到自己即将与自恋者发生争论时，及时离开是一个明智的选择。离开情绪紧张的环境，呼吸新鲜空气，欣赏美丽的风景，你的紧张情绪会逐渐平息，理智会得到恢复。你的离开不仅避免了冲突的升级，还能防止对方进入自恋性暴怒的状态。

2. 保持沉默，倾听对方

如果因为某些原因无法离开，那么选择适当沉默也可以暂时平息争论。沉默可以让自恋者的情绪慢慢冷却下来，避免进一步激怒他们。当他们进入"自恋性暴怒"状态时，会将你视为施虐者、剥削者或冷漠的敌人，此时任何的辩解或解释都只会加剧他们的愤怒。

这种沉默最好不是冷漠无情的沉默，而是带有思考与倾听的沉默，试着去理解对方的情绪状态，不着急反击。当然，这很难做到，因为自恋者总对别人有太多的误解，倾向于武断下结论。但如果你明白，自恋者所控诉的对象并不是你，而是他们投射出来的形象，也许会有助于你平息愤怒。

3. 理解和回应自恋者的心理需要

自恋者最渴望的，是自己的情感和想法能够得到理解和尊重。一旦他们感到被忽视、否定或拒绝，就很容易陷入暴怒的状态；而当他们的情感被准确地理解和回应时，愤怒就能得到缓解。

妻子看着堆积的家务，忍不住开口抱怨："你总是忙着工作，家里这些事情我一个人做得太累了，为什么你不能帮忙做一些呢？"丈夫听到这话，不禁感到委屈和愤怒。他强迫自己压低了声音，但还是抑制不住声音中的颤抖："我每天忙到这么晚，辛辛苦苦赚钱，你怎么就不能理解一下我？我也很累！"

妻子看着丈夫的反应，知道他可能又要情绪暴发了。她深吸了一口气，慢慢地说："我知道你工作很辛苦，真的很感谢你为家里付出的努力。但是我也有些累，希望你能帮我分担一些家务。"她轻轻放下手中的茶杯，语气尽量温和。丈夫听到这番话后，稍微冷静了一些。他眼中的情绪不再那么激烈，沉默片刻后，他低声说道："好吧，我知道了。"

这个情境中的妻子和丈夫展现了在情感表达和沟通上的典型冲突。妻子因为长期独自承担家务而不满，而丈夫则因为自己的工作压力和未被妻子理解而反应过度。妻子的直接抱怨可能触动了丈夫自我价值的敏感点，尤其是对于一个可能存在自恋倾向的人来说，这一下子让他进入了暴怒状态。

妻子意识到了丈夫的特点，马上切换到理解的态度。"我知道你工作很辛苦"，这句话不仅能帮助丈夫感受到被理解，还能在情感上降低他的防备心理，避免他把妻子的需求视为"自私"。而妻子在温和地提出自己需要帮助时，也能避免丈夫产生过多的抵触情绪，从而防止冲突的升级。

建立你的心理边界

自恋型父母往往会合理化自己侵犯孩子边界的行为，美其名曰"关心你"，或者"我是那么地需要你"。要打破这种模式，学会建立清晰的自我边界至关重要。但一个令人痛苦的事实是：与自恋者的边界经常是"打"出来的，很难奢望缺乏同理心的他们会理解和尊重他人的边界。

第四章
分离与重生：切断有毒的情感脐带

1. 学会说"不"

学会说"不"是设立边界的重要步骤。自恋型父母擅长利用道德绑架或情感勒索，让孩子在拒绝时感到额外的压力。为了克服这种恐惧，孩子必须调整对拒绝的看法，不再过分在意他人的反应，而是更多关注自己的真实需求。可以通过记录每次成功拒绝的小事来增强自信，逐渐培养出对拒绝的积极感受。

2. 必要时坚决反击

与自恋者相处时，冲突经常是无法避免的。除了用"灰石"策略以及尝试在情感上理解自恋者，在必要时也要进行强势而精准的反击。有些自恋者"只认拳头不认道理"，他们会把别人的妥协当成软弱，并得寸进尺；他们只有遭受强烈的反击，才懂得尊重他人的界限。

一位丈母娘总是习惯性地对自己的两位女婿指指点点。每当她开始输出负能量时，两位女婿的反应截然不同。大女婿面对丈母娘的批评，会立即提高嗓门，马上进入战斗状态。多次之后，丈母娘有所收敛。而二女婿的反应则完全不同。每当丈母娘开始对他进行各种评价时，他总是微微一笑，没往心里去。等到丈母娘开始进行更加激烈的批评时，他就会找借口离开。逐渐地，丈母娘只敢对二女婿评头论足，对大女婿则显得讨好顺从。

这个案例中，丈母娘的行为体现了自恋型人格的典型特点：看人下菜。面对能与她抗衡、反击的人（大女婿），她不得不尊重对方的边界；而面对二女婿这种看上去"好欺负"的人，她则持续侵犯对方的尊严。当然，两位女婿都找到了适合自己的应对方式，大女婿是强势反击，二女婿则采用"灰石"策略。

3. 尊重和表达自己的真实需要

直面并表达自己的真实需求是健康人际关系的基础。自恋型父母经常会打压孩子的需求，嘲笑他们的情感，比如当孩子因为某件事感到生气时，父母可能会说："你至于吗？"或"你怎么这么小气？"长期受到这种打压，孩子慢慢失去了表达真实需求的勇气，只敢表现出掩饰后的情感。

一位女子在自恋型母亲的影响下长大，为了不让母亲生气，女孩学会了压抑自己的需求和情感，逐渐呈现出"听话"的形象。每当母亲对她提出过度的要求时，她都会感到一种隐隐的不安和愤怒，但随后该事件立马被她遗忘或合理化为"母亲是在关心我"。

随着时间的推移，这位女子开始渐渐觉醒。她不再在母亲面前扮演一个"好孩子"，而是开始尊重自己的真实想法和情感。每当母亲对她发出情感操控的信号时，她不再选择逃避，而是学会了反击，坦诚地说出自己的愤怒与不满。她会在母亲试图用情感勒索时，毫不犹豫地说："这不是我的问题。"她开始有了与母亲冲突的勇气，不再一味忍让。

第一次，母亲看到了自己"真实的"孩子。母亲对她的情感操控似乎不再奏效，尽管她依旧尝试通过各种方式引发情感上的牵制。然而，这位女子逐渐学会了尊重自己的边界。她的眼神变得坚定，语气不再软弱，甚至在母亲的情绪操控下，也能保持冷静和理智。

第四章
分离与重生：切断有毒的情感脐带

处理内疚感

由于长期受到自恋型父母的情感绑架，当成年后的孩子试图远离或拒绝父母时，往往会受到内疚感的折磨。他们内心经常会有否定自己的声音，认为自己"太自私""不孝顺"。有时候，他们能够相信自己的选择；有时候，他们又开始质疑自己，并陷入强烈的焦虑、愧疚和自我怀疑。

1. 区分责任感与内疚感

责任感是健康的，它让我们关注自己的行为对他人和社会的影响，承担必要的义务。而内疚感常常让我们误认为自己应该无条件响应他人的需求和期望，即使这些需求是不合理的。意识到自己的责任并不等同于盲目满足他人不合理的要求，有助于从内疚感中解脱。

一位年轻女子一直肩负着父母养老的责任。在父母的强势要求和自己内心内疚感的驱使下，她决定让父母搬到自己家里住。起初，她觉得这是一种应尽的责任，也试图说服自己这会是个合适的决定。但随着时间的推移，事情变得越来越复杂。每天，她都能看到母亲阴沉的表情，听到不断的抱怨，父母之间也经常暴发无休止的争吵。尽管她竭尽全力去满足父母的需求，帮助他们调和关系，但她感到内心的疲惫和愤怒在不断加深。

有一天，她终于承认，这样的生活并不是她所期待的。她发现自己内心充满抗拒，越来越无法承受父母施加的情绪压力。她开始反思，认为自己并不需要为了迎合父母的期望而做出这样的妥协。她深吸一口气，平静地与父母沟通："我知道你们需要我，但我也需要有自己的空间和生活。"她坚持让父母搬出了自己的家，但仍然帮助父母解决养老问题。尽管她心中依然有些不舍和内疚，但她慢慢意识到，自己不能再盲目地听从父母的要求，而是要根据自己的感受做出正确的决定。

2. 认识并接纳内疚感

当我们试图打破长期的依赖性关系模式时，产生内疚感是正常的。这个过程可能带来内疚和自责，但这是一种自然的心理反应，也是我们在远离原生家庭时难免会有的体验。

健康的父母会在孩子成年后允许他们过上自己想要的生活，鼓励他们发展出情感独立的能力。他们不会用内疚感去捆绑孩子，而是能够独立承担自己的责任。而一段让人经常产生内疚感的关系，并不是健康的关系——关系中的一方把大量的本应由他自身承担的情感责任，转嫁到了对方身上。所以，内疚者要认识到关系中不健康的方面，尊重自己的感受，无须在内疚驱使下做出伤害自己的行为。

3. 正确理解"孝顺"

健康的孝顺来源于感激和关心，是成年后孩子基于对父母的爱而进行的回报。所谓"愚孝"往往是指出于过度责任感或内疚，牺牲自己来取悦父母，这种行为不仅无法带来内心的满足，反而可能使自己陷入长期的情感困境。愚孝往往是以牺牲个人幸福为代价，并且使人无法摆脱童年时期未解的心理阴影。

第四章
分离与重生：切断有毒的情感脐带

一位男子童年不幸福，但通过自己的努力逐渐建立了一个美满的家庭。随着孩子的出生，家庭经济状况明显改善，一切都朝着好的方向发展。他感到非常幸福，但内心深处却充满了对家中孤独母亲的愧疚。出于这份内疚，他决定把母亲接到家里，希望能够让她安度晚年。然而，这个本意善良的决定没有带来预期的效果。母亲糟糕的性格和对家庭的负面影响导致了频繁的争吵，最终，这个原本幸福的家庭陷入了分裂，夫妻关系破裂，孩子也成为受害者。他再次回到了曾经的不开心状态，陷入了深深的内疚与失落。

这个案例提醒我们，真正的孝顺并不意味着一味迎合父母的需求，而是要有界限，要理智地平衡自己和父母的需求。一个人需要在照顾父母的同时，也为自己创造足够的空间与幸福，而不是让自己被情感压力所困扰。

照顾自身的感受和需要

在自恋型家庭中长大的孩子，往往忽视了自己的情绪感受。这部分原因在于自恋型父母缺乏共情能力，他们无法回应孩子的情感需要。如果孩子真实的情感表达常常得不到父母的尊重或理解，时间久了，孩子就会逐渐与自身的情感脱节。

这些孩子经常把注意力集中在情绪化的父母身上，试图理解父母的言行，找出前因后果，甚至努力寻找取悦父母的方法。这是因为自恋型父母的行为常常让孩子感到困惑，所以孩子会不断思索如何才能更好地与父母相处。然而，这种对父母的过度关注反而阻碍了他们体验自己的生活，导致他们无法及时关注和照顾自身的感受和需求。

因此，将注意力转向自己的生活，做那些能带来快乐和充实感的事情，才能恢复个人的精力与热情。将焦点从自恋型父母身上移开，去户外呼吸新鲜空气、晒晒太阳，和性格健康的人交往，做自己喜欢和擅长的事情。如果你能够从新的、健康的关系中感受到爱与关心，你将有更多的勇气从糟糕的关系中脱离。

第五章
信任重建：从破碎到完整的关系拼图

当一个人成功脱离自恋型家庭，承认并直面原生家庭带来的创伤时，便开启了心理哀悼的过程。哀悼不仅意味着面对失落，更代表着心理重建的开始。在这一过程中，个体需要在关系、自尊、情绪、自我认知以及内心冲突等方面进行重新梳理和修复，逐步迈向心理健康。本章将主要从关系层面展开讨论，涵盖依恋关系的重建、人际敏感性的调节，以及合理表达攻击性和表现欲等重要主题。

从恐惧到信任，解锁安全依恋的密码

依恋是指个体与重要他人（通常是父母、照料者或伴侣）之间形成的一种深刻的情感联结。它是一种基本的人类情感需求，旨在通过与他人建立和维持亲密关系来获得安全感和情感支持。依恋是人类的一种本能行为，有助于个体的生存和社会化。

对于一个年幼的孩子来说，他们的心理与情感需求是最为单纯且强烈的。这个时期，孩子需要通过父母的关爱、回应与情感共鸣，感受到自己是被看见、被接纳的，并建立起对自我价值的基本认知，以及对外在世界的基本信任。然而，自恋型父母通常将注意力集中在自己的需求和情感上，对孩子的真实需求漠不关心。他们可能会为孩子提供物质保障，但在情感上却经常忽视、

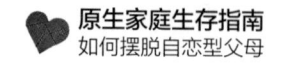

利用甚至剥削孩子。

这种缺乏稳定情感支持的环境，使孩子在关键的依恋发展期（0~3岁）错失了建立安全型依恋的机会。在这样的成长环境中，孩子无法体验到稳定的爱与关怀，取而代之的是父母的不一致行为——时而冷漠疏离，时而苛责控制，以及偶尔出现的"虚假亲密"。这种不一致会让孩子对人际关系产生深刻的不信任感，最终导致他们发展出不安全型依恋。

三种不安全型依恋

1. 害怕亲密的回避型依恋

在自恋型家庭中，回避型依恋的倾向尤为普遍。面对自恋型父母的情感冷漠或拒绝，孩子会逐渐明白：表达情感需求不会被接纳，甚至可能带来羞辱与伤害。为了保护自己，孩子学会压抑自己的情感需求，屏蔽情绪，发展出一种过度理性的自我防御机制。他们试图通过与情感"切割"来减少痛苦，但这种防御也使他们与自己的真实感受日益疏离。

随着年龄增长，这些孩子逐渐形成了回避型依恋的模式。在关系中，他们习惯于保持情感上的距离，避免过度亲密，因为亲密意味着失控与风险。深入的关系会让他们感到焦虑和不安，而这种焦虑的来源往往是模糊的，甚至他们自己也难以言说。

回避型依恋者对亲密关系既渴望又抗拒。他们深埋内心的情感需求无法被轻易触及，而对亲密关系的信任缺失，使他们对关系充满警觉和矛盾。表面上，回避型依恋者可能表现得独立而疏离，对情感需求不以为意，但实际上，他们将内心深处对亲密的渴望牢牢压抑，而这种压抑往往是出于对伤害的本能防御。

对于回避型依恋者来说，亲密关系是一种复杂的存在。他们可能能够维持一段长期的关系，但这种关系中往往充满潜在的不信任和情感隔离。在人际互动中，他们常常感到无法真正放松，认为关系是一种负担或潜在的威胁。他们会与真正的亲密保持距离，避免过度的情感依赖，却在独处时感到焦虑与空虚。这种矛盾的状态让他们的生活充满紧张与不安，导致他们难以从关系中获得真正的满足感。

2. 害怕分离的矛盾型依恋

矛盾型依恋的形成通常与童年时期不一致的养育模式密切相关。在自恋型家庭中，孩子可能只在满足父母的期待时才能短暂地获得关注和认可，而在更多的时候，孩子感受到的是被忽略、贬低和拒绝。

在这种情感不稳定的环境中，孩子无法从父母那里获得稳定的爱与关注，他们逐渐发展出一种深刻的不安感和不够好的自我认知。他们可能觉得自己始终无法"足够好"，因而无法得到无条件的爱。为了避免失去父母的关注，他们会不断寻求外界的认可，试图通过对他人的依赖来弥补童年时期的情感匮乏。

随着成长，这种情感模式延续到成年后，表现为对亲密关系的极度依赖和过度索求。矛盾型依恋者往往需要从伴侣或他人那里获得大量的关注和爱，以填补他们内心的空缺。然而，这种依赖和索求也会让他们对亲密关系中的任何不确定性或矛盾格外敏感，进一步加剧他们的情感不稳定性。

矛盾型依恋者有强烈的融合的愿望，对他们来说，最大的威胁是分离、孤独，而拥有亲密关系成为他们解决痛苦的唯一方式。但矛盾的是，亲密关系本身也是他们痛苦的重要来源。比如，他们经常会放大对方的忽略和拒绝信号，把这些当成对方不爱自己的证据。所以，矛盾型依恋者的依恋系统长期激活，让他们时常处于过激的情绪状态之中，也削弱了他们的自尊感和对他人的信任感。

矛盾型依恋者往往会否认自身的力量、雄心和需要，他们不相信自己拥有这些。他们觉得如果离开了亲密关系，自己将什么也不是，甚至无法存活。事实上，当真的离开关系时，他们并非缺少力量和独立的能力。通过否认自身的力量，他们强烈地依附于亲密关系。

3. 有未解决心理创伤的混乱型依恋

混乱型依恋者在童年时期经常面对强烈的、无法承受的痛苦，但无力应对。这种痛苦通常来源于照料者的不一致行为，以及长期存在的情感和躯体虐待。这导致的结果是，对于孩子来说，依恋对象既是安全感的来源，也是恐惧的来源。

混乱型依恋者有大量未解决的心理创伤，经常处于解离状态——通过让现实变得不那么真实，通过与现实拉开距离，或者变得昏昏欲睡，他们能够弱化淹没性恐惧对自己的影响。这些创伤体验无法用言语来表达，他们倾向于在新的关系中重演这些创伤。比如，一个从小被父亲虐待的女孩，长大后被一个个有自恋特点的男性吸引，并在恋爱关系中一次次被伤害。她在关系中一遍遍地重演这些虐待经历，却无法清晰地回忆起童年时被父亲伤害的记忆，以及两者之间的联系。

父母同时具有自恋型和边缘型人格特点，更容易让孩子形成混乱型依恋。这种类型的父母不仅表现出自恋型人格的操控、忽视和情感剥夺，还会展现出边缘型人格中的情绪不稳定、冲动行为和强烈的情感需求。这些父母具有不可预测性，即孩子有时能获得父母的关注，但更多时候会遭到忽视或情感上的虐待。依恋心理学家玛丽·梅恩指出，混乱型依恋是在儿童与那些令人害怕的、遭受惊吓或解离的父母互动时出现的。

重建依恋的途径

不安全的依恋模式一旦形成，改变并非易事。这种改变通常需要较长的时间，并依赖于一段安全且稳定的关系来完成依恋的重建。在这段新的关系中，不安全依恋者往往会表现出恐惧、焦虑、不信任，以及反复测试的行为，这些都会对关系带来一定程度的冲击。如果这段关系能够承受这些挑战并以健康的方式持续发展下去，修复才能真正发生。

实现依恋模式的重建，需要不安全依恋者逐步培养情绪管理的能力，从而减少猛烈情绪对关系的破坏。同时，通过提升心智化能力，更加清晰地理解自己和他人的情感与行为，并学会在关系中让爱自然流动，逐步建立深度联结。在这一过程中，找到一段能够提供安全依恋的深入关系是关键,这种关系为修复内在的不安全依恋提供了必要的土壤。最终,依恋模式的改善将帮助个体发展出更加健康的亲密关系,并在爱与信任中找到情感的稳定与安全感的提升。

1. 培养觉察的习惯,避免猛烈情绪对关系的冲击

不安全依恋者会长期或间歇性地嵌入他们的体验中,他们很容易感到被自己的情绪和信念囚禁起来,好像这些就是不折不扣、不容质疑的事实。在最糟糕的情况下,他们无法思考任何自己还没有相信的事情,无法想象任何他们现在还感觉不到的感受,只是一味地强调自己的要求,并迫使对方按自己的意志行事。嵌入的状态会不可避免地破坏情感和反应的灵活性,让他们无法做出建设性的自我调节。

一对伴侣陷入了冷战状态。晚饭后,妻子将盘子收拾到水池边,默默地开始洗碗。她的目光冷冷地扫过坐在沙发上的丈夫,而丈夫则低头盯着手机,手指快速滑动屏幕,仿佛没有注意到她的存在。房间里只有水流的声音和偶尔响起的手机提示音。

几天前,他们因为家庭财务爆发了一次争吵。丈夫语气生硬地说:"为什么总是把钱给你的家里人,你就不能体谅一下我的感受吗?"妻子立刻回击:"你倒是看看你自己,什么时候关心过这个家?"两人的声音越说越高,最后不欢而散。从那以后,他们彼此冷漠,谁也没有主动开口。

在冷战期间,妻子常常在做家务时皱着眉头,她心里不断地想着:"他就只会指责我,从来不会体谅我的难处。"丈夫则坐在

第五章
信任重建：从破碎到完整的关系拼图

书房里，一边假装忙于工作，一边感到胸口发闷。他心里想着："是不是我太老实了，所以总被她娘家人欺负？她从不跟我站在一起。"两人都将注意力集中在对方的不足上，内心的愤怒和怨恨逐渐升级，甚至开始怀疑这段婚姻是否还有继续的必要。

这对伴侣的冷战状态反映了典型的"嵌入"心理模式。在这种模式下，双方为了保护自己而将问题归咎于对方，并通过攻击或冷处理来掩盖内心的不安和痛苦。争吵后的冷战并没有解决问题，反而使得愤怒和怨恨进一步加深。妻子和丈夫都将注意力放在对方的不足和行为上，却没有意识到自己的情绪和行为对关系的影响。

如果伴侣能够在冲突期间尝试运用正念觉察，让负面联想和回忆停下来，然后探索一下未被满足的需求，就有机会走出这种"嵌入"的破坏性循环。例如，丈夫不再沉浸于那些愤怒的联想，而是反思自己为何对财务问题如此敏感，为何对妻子的娘家人充满敌意；而妻子也停止委屈和难过的联想，开始思考为何对丈夫的态度如此在意，以及她的行为可能带给丈夫的影响。

有觉察和反思能力的伴侣往往能更理性地面对关系冲突，并在情绪平复后主动沟通，逐渐化解关系中的僵局。而缺少觉察和反思能力的伴侣，则彼此进入"嵌入"状态，被各种偏执的想法和信念所左右，并多次爆发剧烈的冲突，直至关系破裂。

正念冥想旨在通过对当下时刻的专注和觉察，培养内在的平静、觉察和情绪调节能力。正念冥想的核心理念是不带评判地、全然地关注此时此刻，它强调将注意力集中在当下的体验中，而不是对过去的回忆或对未来的担忧。正念冥想所培养的觉察能力，能够有效减缓猛烈情绪对关系的冲击。

具体怎样进行正念冥想？一般是将注意力放在你的呼吸上，觉察呼吸时腹部的起伏，或者专注于气息流经鼻孔时的感觉。当一些想法、回忆、情绪出现时，就让它们经过你的心灵，慢慢地掠过，然后温和地把你的注意力重新拉回到注意焦点上。正念冥想可以让你暂时停下来，给自己一种放松和滋养，并放下各种有关过去或将来的思绪，只关注此时此地。

经常性地做冥想练习，每次 20~30 分钟。经过最初的身体适应后，正念冥想一般能带来精神能量的提升与疲惫感的减少，长久练习会明显缓解抑郁与焦虑，提升积极情绪。正念冥想练习还可以培养觉察的习惯。在觉察状态下，对内在的体验是开放的，无论是好的还是不好的体验，都允许它们的存在，并与它们保持一定的距离。只是观察头脑中正在发生的想法和感受，并尽可能回到当下的任务中，使你的心理状态"去中心化"及"去融合"——将自己与负面情绪、思维或观念分离开来。

2. 提升心智化能力，在相互认识中彼此亲近

觉察的习惯能够帮助我们与负面体验保持适当的距离，允许它们存在但不被其淹没和控制。而心智化能力则让我们进一步识别、命名并理解这些体验，使其从模糊的"未经思考的已知"转变为可以被清晰理解和整合的心理成分。

心智化（Mentalization）指的是理解与心理状态相关的行为的过程，包括欲望、动机、情绪和想法等。它不仅帮助我们理解自己的心理状态，也让我们能够推测他人的心理状态。

第五章
信任重建：从破碎到完整的关系拼图

当小张看到同事小李眼圈发红时，他停顿了一下，心里想："他是不是刚刚哭过了？也许他遇到了什么难过的事情。"小张的目光停留在小李身上几秒钟后，轻声问道："你还好吗？你今天好像不太对劲。"

另一个例子中，丈夫发现妻子晚上十点还未到家，他坐在沙发上，反复翻看消息记录，心里不由得想："她是不是在生我的气，不愿意回来？"他手指在手机屏幕上犹豫了一下，最终发了一条信息："怎么还没回来？是不是不高兴了？"实际上，妻子在公司有紧急事情要处理，而忘记跟丈夫说了。

这些场景展现了心智化的过程——通过观察他人的行为和状态推测其内在心理活动。不过，这种推测并不总是准确。小张能够敏锐地注意到小李的异样，并试图了解背后的情绪；而案例中的丈夫则试图通过妻子的晚归来推测她的心理状态，虽然这种推测并不正确。

心智化水平高的人通常能够对情感、动机和意图保持敏感，并以一种更全面和灵活的方式理解他人。他们不容易被简单化的"非黑即白"思维模式支配，而是能够将他人的行为与更复杂的心理状态联系起来。他们不仅可以关注他人显露的情绪，还能够识别隐藏在表面之下的意图和动机。这种能力能够促进人际关系的改善，减少误解和冲突。

心理学家彼得·冯纳吉等人指出，早期经历过创伤的个体往往会抑制自己的心智化能力，撤离自己的内心世界，以避免认识到可能伤害他们的照顾者的意图。尽管这种行为是一种自我保护机制，但抑制心智功能会使他们难以理解他人，也难以与人建立

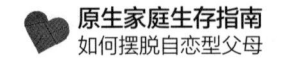

建设性互动，从而导致人际关系中的困难。

小明从小生活在一个情感不稳定的家庭中。父亲经常因为工作压力而情绪暴躁，母亲则常常冷漠，不关心小明的情感需求。当小明在家中遇到情绪困扰时，父母很少提供情感上的支持，甚至对他的感受表现出不耐烦。小明在哭泣或表达自己的感受时，父亲可能会呵斥他，"男孩子不要这么软弱"，而母亲则选择忽视他的情绪反应。长此以往，小明学会了不再向父母表达情绪，以避免再次被责备或忽视。

由于小明的父母未能对他的情感需求做出积极的回应，他逐渐开始撤离自己的情感世界，不再去思考父母行为背后的动机和原因。为了自我保护，他选择压抑自己的情感和需求，避免直面父母可能会伤害他的心理意图（比如父母的不关心或情感上的冷漠），更会找一些客观的理由（比如忙碌或忘记了）替父母掩饰。这是典型的心智化能力被抑制的表现——小明在处理情感时没有充分理解自己的感受，也未能很好地解读父母的情感状态。

成年后，小明的心智化能力依然受到限制。他在与他人建立亲密关系时常常感到困难。例如，当小明的伴侣情绪低落或表现出不满时，小明很难理解伴侣的真实情感需求，甚至会下意识地回避这种情感互动。同时，他也难以意识到，伴侣的情绪低落往往与他对情感交流的忽略和回避密切相关。

心智化能力有欠缺的人，容易在冲动之下陷入情绪化的推理，经常进入自动的、非反思性的心智化形式，出现"战或逃"的反应。但在人际关系中，以更具理解性和反思性的方式去行动显然是更加重要的。比如，在伴侣冲突中，在情绪激动之下你想骂人，或者试图大喊大叫，如果你能认识到这可能会伤害伴侣并破坏关系，这种反思性的、受控的心智化能力就能及时中止这种破坏性的冲动。相反，如果你被自动化的情绪反应所支配，你可能就会彻底释放这种冲动，最终让关系陷入危机。

很多心智化能力较低的人，可能长期忽视情感，或者误以为压抑情感是坚强的表现，一旦他们意识到这个问题并愿意理解自己及他人的情感，心智化能力就会逐渐得到提升。以下介绍五种切实可行的方法。

（1）学会观察自己的情绪

情绪是心智化的起点。我们需要学会在情绪产生时停下来观察它，而不是被它控制。具体做法：

- 当情绪出现时，问自己："我现在在感受什么？是愤怒、悲伤，还是羞愧？"
- 试着用词语描述情绪，而不是用行动发泄情绪。比如，对情绪进行命名："我现在感到羞愧和愤怒。"

练习建议：每天记录情绪，哪怕只是简单的一句"今天在会议上，我感到紧张"。对情绪进行记录和联想会让你对情绪更敏感，并且更容易理解情绪背后的意义[1]。

（2）提问：我为什么会有这样的反应

情绪背后通常隐藏着更深层的心理需求或信念，心智化的关键在于挖掘这些深层原因，这是一种反思能力，而反思能力是心

---

❶ 可参考《探索你自己：自我分析的途径》一书中关于感受的自我分析一章。

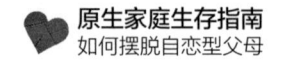

智化的核心。具体做法：
- 在情绪高涨时，问自己："这个情绪背后是什么？"
- 在关系中出现矛盾时（比如因为伴侣的反对而感到生气），试着思考："我为什么会对她的反对那么在意？是不是因为我觉得她没有尊重我？"这样的反思能帮助一个人找到情绪的根源。

练习建议：试着将情绪与需求联系起来，寻找内心真正的想法。可以借助下方的小工具。

情绪与潜在需求表

情绪	潜在需求
生气	渴望被尊重或重视
难过	渴望被安慰或理解
嫉妒	渴望价值感或归属感
恐惧	渴望安全或被保护
羞愧	渴望被接纳或原谅
孤独	渴望连接或归属感
内疚	渴望弥补或和解
……	……

（3）停下来，换位思考

心智化不仅是理解自己的内心，还包括尝试从他人的视角看待事情。具体做法：
- 当你对别人的行为感到不满时，停下来思考："他为什么会这么做？"

- 面对关系中的矛盾（比如因为伴侣家务做得少而产生不满），可以这样换位思考："她可能最近工作太忙了，所以没力气做家务了。"

练习建议：试着每天为一件让你困惑或生气的事情找到三个可能的解释，这能帮助你跳出"情绪化解释"的陷阱。

（4）学习自我调节技巧

心智化水平较低时，个体可能会过于情绪化或过于理性化（完全压抑情感）。学会找到两者之间的平衡至关重要。具体做法：

- 深呼吸：情绪激动时，深吸一口气，慢慢吐出。重复5次，帮助自己冷静下来。
- 暂停并延迟反应：当你想立刻爆发时，给自己5分钟时间思考，甚至离开场景。这让你有时间进入更心智化的状态。

练习建议：当发现自己情绪上来了，可以对自己说："我先不着急反驳，给自己几分钟时间冷静一下，听听其他人的意见。"

（5）增强共情能力

共情是心智化的重要组成部分。试着站在他人的立场理解他们的感受和想法，并给予情感上的认同和反馈。具体做法：

- 情景代入：尝试将自己置于对方的处境中，想象他们的感受和想法。
- 主动倾听：专注于对方的语言和情感，避免打断或急于给出建议。留意非言语信息（如肢体语言、语气等），通过倾听传达你对对方的关心和理解。

练习建议：每天观察周围人的表情和行为，试着猜测他们的情绪。例如，看到同事皱眉时，你可以想："他看起来有点烦躁，

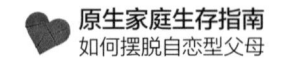

可能遇到什么问题了？"看到一个人走路很快，你可以猜测："也许他心里有急迫感，不知道是遇到什么事情了，还是他性格上就容易着急？"

3. 找到一段安全依恋的关系：疗愈的起点与归宿

对于那些经历过不安全依恋模式的人来说，找到一段安全的依恋关系无疑是修复内心创伤的关键。关系中的问题仍然需要通过关系来修复，这意味着，我们无法仅凭个人的力量从创伤中走出来，而需要借助一种深刻而稳定的关系联结，重新建立对他人、对爱的信任感。

这段安全的关系，可以是亲密关系、深度友情，或者是心理咨询关系。无论是哪一种关系，它们都需要建立在相互尊重、理解和情感回应的基础上。只有在这种安全的关系中，个体才能逐渐摆脱过去的创伤性依恋模式，学习到新的、更健康的情感互动方式。

在亲密关系中建立安全依恋

对于许多不安全依恋者来说，亲密关系可能既是最大的渴望，又是最大的挑战。拥有一位安全型伴侣，无疑是修复依恋创伤的关键一步。在这种关系中，安全型伴侣的情感能力、沟通方式和支持态度，能够逐渐带领不安全依恋者走向稳定与信任。

安全型伴侣的以下特点，足以让一个不安全依恋的人，在足够长的时间后慢慢发展出稳定安全的关系联结。

1. 对拒绝不敏感

安全型伴侣在关系中表现出情绪的稳定性和自信心。他们不会因为伴侣的拒绝或否定而变得过度敏感或愤怒，而是能够理性地理解对方的需求与界限。

2. 开放沟通

当关系中出现问题或矛盾时，安全型伴侣愿意直截了当地与对方沟通，而不会使用隐晦、猜测或被动攻击的方式。他们的坦诚和清晰，能让另一方感到被理解，而非被忽视或误解。

3. 亲密与爱无须索求

在与安全型伴侣的关系中，你会感受到一种自然流动的爱与支持。这种爱并不需要通过讨好、索求或证明才能获得，而是基于他们对你的真诚接纳。

4. 善于倾听与解决问题

安全型伴侣能够耐心倾听你的想法和情绪，并在需要时主动寻找解决方案。他们不会逃避问题，也不会将责任完全推给对方，而是愿意和伴侣共同面对和处理关系中的挑战。

5. 情感敏感与共情能力

当你感到悲伤、愤怒或受挫时，安全型伴侣会敏锐地察觉到你的情绪，并放下自己的需求，专注于倾听和理解你。他们不会急于为自己辩解,而是关注你的感受,用实际行动传递关怀。

6. 希望你快乐

安全型伴侣最重要的特质之一,是他们真正希望你感到快乐,并为你的快乐而感到幸福。这是一种无条件的爱和支持,也是一种强大的情感力量。

我们可以想象,在这样的关系中,不安全型依恋者可以自由地做自己,而无须迎合或讨好。他们能放下对被拒绝或被抛弃的恐惧,也能在不完美中感到被接纳,并逐渐学会信任和依赖他人,而不感到羞耻或不安。

心理咨询关系中的安全依恋修复

对于许多不安全型依恋者而言,即使在一段健康的亲密关系中,他们也可能难以完全"交付"自己。他们在关系中往往充满了警觉、隔阂与陌生感,总是害怕被伤害或拒绝。他们还可能陷入"创伤性联结"的关系模式,让一段本来充满信任与爱的关系,逐渐演变成施虐—受虐的关系。面对这样的情况,找到一位安全可靠的心理咨询师,逐步修复依恋创伤,是一种非常有效的疗愈途径。

当然,因为被虐待或忽视等经历,不安全型依恋者往往存在严重的不信任感,导致他们宁愿不去接受帮助。那些克服阻力前来求助的不安全型依恋者,在心理咨询的初期往往充满防御和警惕心。直至与咨询师建立一定的信任关系,他们才愿意更多地去探索在关系中的不安、焦虑、愤怒和恐惧等。当这些情感被咨询师容纳和理解之后，咨询关系逐渐深入，真实和充满情感的联结将最终带来依恋关系的修复。

无论是通过亲密关系还是心理咨询关系，修复依恋创伤都需要耐心与时间。不安全型依恋是多年的情感习惯与防御机制，改变这种深刻的模式需要个体在安全的关系中，逐步体验到被接纳、被理解和被支持的感觉。

最重要的是，要明白这一点：修复的过程不是线性的，而是循环往复的。在过程中，依恋者可能会反复经历信任的动摇和情感的拉扯。但正是通过这些反复，他们才能真正学会如何在关系中获得安全感，从而走向更健康、更充实的生活。

增强心理韧性，减少敏感与脆弱

在自恋型家庭中成长的孩子，往往反复经历情感虐待、严密控制或忽视。父母通常掌控一切，并滥用权力，施加言语或身体上的伤害。因此，孩子容易形成自恋性脆弱的状态，内心深处充满低价值感，对与贬低、忽视、冷淡或失去爱有关的信息异常敏感。这种内在的敏感和脆弱渗透到生活的各个方面，使他们时常处于警觉和防御状态。

刘杰的成长环境充满了压迫感。他的父母常常对他的决定进行干预，无论是学校、专业的选择还是朋友的交往，都需要经过他们的批准。他小时候特别想参加学校的足球队，但父亲直接否定了他的请求，说："不许去，踢球能有什么出息？学习才是第

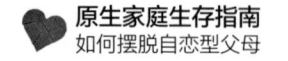

一位的。"

在日常生活中，父母对刘杰的个人空间控制得非常严格。他回忆道："有时候，我只是晚回家几分钟，父亲就会生气。"母亲也经常用言语批评他，比如在他考试没达到预期时会说："你怎么这么没用？真的太让我失望了！"

这种家庭环境对刘杰的自尊产生了深远的影响。他进入职场后，对领导的评价非常敏感。一次，领导在会议上指出他的一个方案需要改进，他听后非常恐慌，整场会议都没有再发言。回到工位后，他坐在椅子上发呆，内心反复思索："是不是我哪里做得不够好？我会不会被列在下一期的优化名单中？"事实上，领导对他的工作能力与态度非常认可，没多久就让他升职了。

在亲密关系中，刘杰也表现出高度敏感和不安。他记得有一次，伴侣在回家后没有和他说话，而是直接去卧室睡觉了。他内心感到一阵不安，不断地想："她是不是生我气了，我哪里做错了吗？"直到伴侣醒来后跟他说话，他心里的担忧才消散。

刘杰的高度敏感和情绪内耗显然对他的社交和亲密关系产生了负面影响。修复这一模式需要他重新认识过去的经历，并在一个安全的关系中逐步学习如何分离事实与情绪反应，同时构建更稳定的自我认同感。

识别敏感和脆弱背后的客体关系

敏感和脆弱往往反映了一种内在的伤害性客体关系——倾向于从剥削、伤害或贬低自己的角度去解读他人的言行，容易体验到恐惧、焦虑和愤怒等情感。他们的反应可能时而退缩、隐忍，时而过于激烈。这种伤害性的内在客体关系通常可以追溯到早年被父母虐待或剥削的经历。

在人际情境中，这种内在的伤害性形象容易被投射到他人身上，认为对方是一个无情、冷漠或剥削的人。刘杰在工作环境中的敏感与警觉反应，就是内在的伤害性客体关系在作祟。

他总担心领导会不喜欢他，对他失望，为了赢得领导的认可，他经常过度努力。但领导的认可只能短暂地缓解他的不安，无形的焦虑总是攫取他的能量。当同事开玩笑时，他经常会觉得对方是在嘲笑自己，心中涌起愤怒和报复的情感。有时，他会选择隐忍不发，但内心的焦虑和不安持续累积；有时，他则会突然爆发，做出一些过激的反应，让周围的人感到惊讶和受伤。

要减少敏感与脆弱反应，关键是要避免内在伤害性客体关系的控制。有以下几个步骤：

1. 对情绪进行反思和探索

当强烈的情绪反应出现时，需要用理性的力量让内心不断冒出的负面联想停下来，然后问自己："对方的行为真的表示看不起我吗，还是我自己过度解读了？我是不是把对方当成了早年那个情感忽略的抚养者了？"意识到自己内在的伤害性客体形象，能够帮助我们与这种负面解读拉开距离，而不被它操控。

还可以将触发情绪的事件写下来，展开联想与回忆，逐渐去探索情绪事件背后的心理主题。当刘杰被领导建议"项目需要继续改进"时，他感受到了强烈的失落与沮丧。回到工位之后，刚好有时间，他便把这个事件及相伴的情绪感受记录下来。在写下这些感受的过程中，他回忆起了童年时曾想加入学校足球队，却被父亲严厉拒绝的情景，以及其他多次遭遇父亲拒绝的经历。在这些回忆中，他感受到深深的悲伤与愤怒。他逐渐意识到，每当自己遭遇否定或拒绝时，无论对方是否是有意为之，他总会体验到这种熟悉的沮丧与失落感。

这种对情绪的反思和探索触发了他的自我关怀，也让他从那种"嵌入"状态中走了出来，拥有了更理性的视角。

2. 分离事实与情感，不要陷入"等同"模式

在等同模式下，个体认为自己内在的想法、感受或信念与外部现实是完全等同的，即内心体验与外部世界没有区分。这是心智化能力受损的表现。刘杰觉得领导"不认可他，并会把他开除"，他坚信这就是事实，而且马上会发生。等同模式往往会带来严重的焦虑情绪，甚至引发攻击行为。

重要的是认识到这种模式的存在，不轻易相信自己的判断，意识到它们可能是一些情绪化的认知，很有可能是错误的。暂时把这些想法放在一边，转移注意力到其他的事情上，待情绪缓解之后再行思考。

3. 节制愤怒的表达，接纳内在的脆弱

敏感与脆弱的人的自体是易碎的，容易在被忽略、被评价的情景下碎裂，并以暴怒反应来防御——可能表现为言辞激烈、大声喊叫、威胁分手，甚至出现肢体冲突。这些愤怒的表达不仅会

严重破坏人际关系，还会对个体的身心造成极大的消耗。

愤怒并非不能表达，如果愤怒被理解和接纳，即将碎裂的自体可以迅速稳固下来。重要的是，愤怒的表达需要有节制——控制其爆发的强度、持续的时间及表达的方式。同时，面对愤怒时，我们也需要觉察并接纳它背后的脆弱感，给这些伤痛留下时间与空间，允许内心受创的自体逐渐愈合。

4. 及时沟通，澄清误解

如果条件允许，还可以通过适当的沟通来化解误解，比如向伴侣表达自己的感受，而不是压抑或爆发。如果条件不允许，也可以将自己受伤的经历（比如被领导批评）向别人倾诉。来自第三方的不同视角有助于我们走出"嵌入"状态，拥有更清醒的认知。

在不断地识别、理解，以及建设性的沟通之下，敏感、脆弱的人会慢慢修复内在的伤害性客体关系，逐步建立更健康的人际关系。他们可以学习如何与人建立更平等的支持性关系，不再受困于早年的"伤害性"模板。

认知调整：培养全面的视角

敏感与脆弱的人容易被一些带有敌意的想法和想象所影响，并产生愤怒、委屈的情绪，做出攻击性的反应。认知调整可以减少这些负面想法的影响。

有一次，刘杰与伴侣约好了共进晚餐，他在路上想象着两人一起吃饭时的场景，脚步也不自觉地加快了些。然而，途中他接到伴侣的电话,电话那头传来伴侣轻快的声音:"你快过来吧,我们开始点菜了。"刘杰愣了一下,但很快应了一声:"好的,马上到。"挂断电话后,他的表情变得有些僵硬。"'我们'是什么意思?她是不是又带了她的同事?这可不是第一次了!"他难以抑制自己心中突然涌出的怒火:"她就是更喜欢跟别人一起,而不是跟我单独在一起!"

他回忆起此前多次伴侣未事先说明就带他人一起来就餐的事。伴侣和同事总是聊得很起劲儿,他显得像个局外人。他不能直接拒绝伴侣带其他人来,免得显得"小气"。他选择责怪伴侣不能更好地体察他的心思,收敛这样的行为。

这些想法、回忆、情绪,都是刘杰在接到伴侣电话后的自动思维。这些自动思维并未全盘被刘杰有意识地觉察。就像城市的车流中闯入一辆轰鸣的摩托车,瞬间吸引了全部的怒火。

认知行为疗法中的几个技术有助于提高自我观察能力,让我们更好地处理自动思维中令人不舒服的情绪。

1. 寻找证据

刘杰开始自我反思:"我认为女朋友不喜欢和我一起吃饭,却更喜欢和别人共餐,这只是我的个人想法。那么,有哪些证据能支持我这个观点呢?"

他迅速回想起几件相关的事情,但一经深思,便意识到这些所谓的证据其实并不稳固,它们完全可能存在其他合理解释(比如工作需求,或者是正常的同事交往等,这些都与喜不喜欢和他一起吃饭关系不大)。

第五章
信任重建：从破碎到完整的关系拼图

他进一步自问："那有没有证据能反驳我的这个想法呢？"他想起了两人一起愉快进餐的多次经历，心情顿时好了许多。此刻，虽然他还存有伴侣可能不喜欢和他一起吃饭的念头，但这个想法已经大为减弱。

2. 探索其他解释或观点

他继续自我探究："我觉得她喜欢和别人吃饭而不是和我，这是对今天她邀请同事一起吃饭的解释。但除了这种解释，还有没有其他可能性呢？"

他突然想到，伴侣的一位同事即将离职，今天的聚餐会不会是为了给这位同事送行？又或者，她是否有其他的考量才做出这样的决定，而并非真的不喜欢和我一起吃饭？这两种不同的解释都让他的情绪得到了缓解。

3. 信念影响分析：我相信／改变自动思维会有什么影响

刘杰继续深入自问："如果我坚信她不喜欢和我一起吃饭，这会对我产生什么影响？如果我改变这一想法，又会有何不同？"

他意识到，既然她是自己的伴侣，持续怀疑她不喜欢和自己一起吃饭只会让两人的关系更加紧张，矛盾和冲突不断。更明智的做法是认识到这种想法的根源，并寻找机会与她进行开放、坦诚的沟通来确认真实情况。这种新的认知让他减少了愤怒，感到更加自信和从容。

4. 换位思考：如果我的家人或朋友也处于同样的情境，我会对他说什么

刘杰开始设想："如果我的家人或朋友遇到同样的情况，我会给他们什么建议？"对于这个问题，他自言自语道："我可能会觉得他把事情想得太糟了。在我看来，他们的关系一直很不错，她不太可能不喜欢和他一起吃饭。我会建议他保持乐观，先去看看情况再说。"这种换位思考有助于他跳出问题的局限，以第三方的视角来审视自己，从而减轻情绪上的压力。

5. 行动计划：我会做什么

刘杰继续思考："有了这样的想法后，我接下来应该怎么做？"他考虑了一下，虽然想对伴侣发脾气，质问她是不是不愿意和他一起吃饭，但他觉得在同事面前这样做并不合适。更何况，这只是他的猜测，可能并不符合实际情况。如果贸然发脾气，很可能会破坏两人的关系。因此，更明智的做法是接受现状，做好该做的事情，之后再找机会进行沟通。

行为调整：降低敏感性

1. 减少回避行为

敏感与脆弱反应往往因回避行为而加剧。例如，有社交焦虑的人倾向于回避人际交往场合，但这种回避反而会强化他们的症状，最终可能演变为社交恐惧症。要克服社交恐惧，关键在于学会与人接触，在接触过程中逐渐脱敏。这个原则同样适用于其他敏感反应。

刘杰原本认为睡觉时必须完全隔绝声音和光线，否则无法入睡。这种需求导致他每次睡前都要确认窗帘和耳塞。久而久之，这种行为变得具有强迫性，每次睡觉前他都会感到极度紧张。后来，他尝试放宽要求，允许有少量光线和声音存在。起初，他确实难以入睡，但随着时间的推移，他逐渐习惯了这种环境，并最终能够顺利入睡。自那以后，他对睡前光线和声音的敏感性逐渐降低。

刘杰曾对伴侣的家人产生强烈的排斥感。每当伴侣的家人来访时，他都会感到非常生气，认为伴侣更加关心自己的家人，忽视了他的利益。他多次拒绝与伴侣的家人见面，与他们之间的误解和隔阂也越来越深。后来，刘杰有意识地减少了回避行为，主动去与伴侣的家人见面、聊天。通过这种方式，他慢慢减少了内心的排斥感，并消除了许多不必要的误会。他越来越意识到，自己对伴侣家人的抵触情绪，实际上与他内心的敌意投射有很大关系。

2. 找到放松身心的方法

敏感与脆弱的人在面对外界刺激时，常常会感到压力和情绪上的耗竭，尤其是在繁忙的社交场合或高度紧张的环境中。他们更需要找到有效的身心放松方法，以缓解情绪上的波动和体力上的消耗。

系统性肌肉放松训练是一种通过交替紧张和放松肌肉群，帮助身体逐步放松的技术。这一训练不仅能够缓解身体的紧张感，还能够引导个体关注自身的身体状态，增加对身体信号的觉察。通过反复的肌肉放松训练，过度敏感者可以学会如何更好地应对外界刺激对身体的影响。

自律神经练习是对神经系统的调节，通过有意识地控制呼吸、姿势或感官体验，来调节自律神经的平衡。这些练习可以帮助缓解紧张与焦虑，增加对身体自主反应的掌控，提升整体的身心稳定性。

运动与健身不仅是提升体能的方式，也是一种有效的放松途径。无论是有氧运动如跑步、游泳，还是力量训练，都能有效释放体内的压力激素，增强情绪调节能力。运动还能够促进内啡肽的分泌，提升愉悦感，帮助个体更好地抵御外界压力。

八段锦、站桩等传统练习，通过缓慢、柔和的动作调和身体内外的能量流动。八段锦和站桩不仅能够帮助个体增强身体的稳定性和柔韧性，还能够调节气息，促进内在的平衡，减少精神内耗。这些练习通过深层次的呼吸和姿势的调整，在有效放松身心的同时，能够让意识与身体产生更深的联结。

此外，所有这些放松练习都有一个共同点：它们可以帮助我们更好地感知身体，从而提升对身体信号的觉察力。当个体通过这些练习建立起与身体的联结时，他便能够更敏锐地感知情绪波动与身体变化，从而及时调整身心状态。这种对身体觉知的提高，不仅有助于个体的日常健康管理，也为长期身心健康奠定了基础。

驯服心中的猛兽，整合攻击性

一个人处理攻击性的方式深受早年亲子关系的影响，尤其是父母如何对待孩子的攻击性。具备情感涵容力的父母与缺乏这种能力的父母在面对孩子的攻击性时，反应截然不同，这进一步影响了孩子如何处理自身的攻击性。

我们来设想一个场景：儿子指出母亲的一个失误，批评她过于粗心。如果是一个有情感涵容力，对孩子充满关爱的母亲，她不会因此过度伤心或生气。相反，她会反思并客观看待孩子的评价，甚至可能因为孩子敢于表达意见而感到欣慰。这种母亲不惧怕孩子的攻击性，视其为人性的正常表现。她的包容态度让孩子在表达反抗时感到安全。这种对攻击性的积极态度有助于孩子在人际交往中自如应对。当孩子未来遭遇不合理对待时，将更有勇气和能力进行反抗。

缺乏情感涵容力，对孩子经常进行控制的母亲可能会对孩子大发雷霆，甚至以冷战作为惩罚，迫使孩子违心认错。长此以往，孩子可能不敢再表达不同意见，只敢说悦耳之言以顺从母亲。另一种情况是，母亲对攻击性极度恐惧，表现出脆弱和受伤的样子。这让孩子为自己的"不礼貌"行为深感内疚，感觉自己犯了很大的错误，此后在母亲面前变得小心翼翼，唯恐再次伤害她。

母亲拒绝或害怕的态度会让孩子在初次表达反抗时感到不安，他们潜意识里认为向母亲表达愤怒是危险的。这可能导致孩子越来越容易自我怀疑，尤其是在与母亲观点不同时。他们宁愿

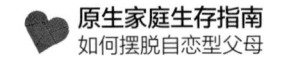

怀疑自己也不愿伤害母亲。久而久之，他们会对自己的攻击性感到恐惧，连带着，他们对别人的攻击性也很恐惧，任何人际冲突的情景都会让他们惊恐不安。

一些孩子可能会认同父母的攻击性行为，并在一定年龄后，逐渐表现出对抗性甚至暴力倾向。他们与父母的冲突往往升级为相互攻击的关系，这种倾向可能延伸到学校时期或成年后的工作场合，导致他们频繁与他人发生冲突，甚至表现出虐待行为。过于激烈的攻击性表达使他们在社交中被他人疏远，有时甚至面临法律制裁。

攻击性其实是人的一种本能，个体需要攻击性去维护自身的利益，并展现自己的力量。当它被过度压抑或过度释放时，都会对个体或社会造成不良影响。自恋型父母对孩子攻击性的消极应对方式，阻碍了他们攻击性的健康发展。

过度压抑攻击性

有些人害怕自己的攻击性，不仅在心理上有所体现，更在身体和行为层面展露无遗。比如，他们走路时轻飘飘，仿佛害怕自己的脚步声会打扰到他人；身体姿态经常是缩着的，仿佛在躲避随时可能袭来的拳头；脸上时不时挂着的微笑，更像是在掩饰内心对他人的恐惧。此外，他们的声音也会不自觉地变得柔和低沉，力求避免在言语上冒犯他人，希望自己显得更加温和友善。

有些压抑攻击性的人不喜欢运动，尤其是对抗性强的运动，如篮球、足球等。当人际关系中可能出现矛盾时，他们会变得异常紧张。例如，一个网友分享道："在一个小群体中，当别人还没有察觉到紧张气氛时，我就能感受到人与人之间的张力，这会让我极度不安。每当这种时候，我会迅速通过自己的语言和行为去试图化解矛盾。但我并不明白，为什么我会在这种情况下如此恐惧和紧张，有时甚至会紧张到全身颤抖。"

他们还常常通过过度补偿的策略掩饰自己的攻击性。比如，有个员工在对老板的做法稍作不同意见的表达后，会立刻附上一连串的恭维话语，生怕因此惹怒对方。这种过度补偿的行为实际上掩盖了关系中的真实张力，使得双方的互动变得流于表面。

此外，压抑攻击性的人通常会假定别人也害怕攻击性，因此在相处中格外小心翼翼，时常采取取悦的方式。面对那些性格强势、声音响亮或脾气暴躁的人，他们会感到强烈的恐惧，并下意识地选择回避或远离。

那些无法被表达的攻击性，可能会指向自己，表现为自我攻击。或者以一些隐晦的方式来呈现，表现为被动攻击。关于这两点，第三章"自恋型父母留给孩子的 10 种情感伤痕"一节中有过详细阐述。

攻击性的过度表达

与过度压抑攻击性的人不同，另一些人会形成过度强烈的攻击性表达。他们很容易从剥削、伤害的角度去理解他人，并动辄与人发生冲突。这种过度的攻击性可能是个体为了防御内心的脆弱而采取的一种极端方式。

陈默的父亲性格强势，小时候经常对他进行打骂，导致陈默在青春期时与父亲多次发生激烈的肢体冲突。而陈默的母亲则因事业繁忙，在他很小的时候就要求他独自上下学，甚至他晚上也是一个人在家学习。在成长过程中，陈默经常与人发生冲突，在高中时因为与班主任发生肢体冲突而休学了一年。虽然他后来勉强考上了大学并完成了学业，但他心情不好时仍想与人打架，也常常欺负他人。

在心理咨询中，陈默开始慢慢回忆起一些被他忽略的情感。一次咨询中，他谈起小时候晚上独自在家的事："那时我真的很害怕，只有我一个人，害怕有坏人闯进来，也害怕家里会发生什么事。"通过多次谈话，陈默逐渐意识到，他的攻击行为背后隐藏着无法表达的情感。他坦言："我从小就不觉得快乐，总是觉得生活很没意思。"他还提到自己曾在高中时有过多次自杀的念头。

咨询师引导他将攻击性的行为与内心的脆弱连接起来。陈默开始明白，他的愤怒和冲突其实是为了掩盖孤独、恐惧和无助。他说："可能我觉得，只要看起来够强大，就没人能伤害我了。"

陈默的经历展现了早年家庭环境对情感表达模式的深刻影响。他的父亲通过暴力方式表达情绪，而母亲的缺位则让他无法获得稳定的情感支持。在这样的环境中，陈默学会了用攻击性掩饰自己的情感需求，以保护自己不受伤害。

第五章
信任重建：从破碎到完整的关系拼图

合理驾驭攻击性

攻击性是人性中正常的一部分，关键在于我们如何合理地掌控和表达它。当一个人能够在冲突场景中恰当地表达愤怒，同时保持冷静和理智，那么他就已经学会了驾驭自己的攻击性。这种能力的掌握，不仅能帮助他摆脱恐惧和回避的状态，更能激发其积极主动的一面。此时，他在人群中会显得更加自在和放松，身体语言也会随之变得柔和（不再显得僵硬和刻板）。此外，积极的情感，如表现欲、主动性和对他人的热情，会更加明显地体现出来，从而推动人际关系和自我发展进入一个新的阶段。

1. 给攻击性过度压抑者的建议

对攻击性的过度压抑，不仅让人在人际关系中失去了真实的表达，也可能让人在长期压抑中积累情绪张力。学会适度释放内心的攻击性，是摆脱这种困境的重要一步。

（1）重新理解攻击性和人际冲突

攻击性并不意味着暴力或敌对，它可以是自信的表达，或是捍卫自我权利的力量。重点在于如何以建设性、非破坏性的方式加以使用。对攻击性的习惯性压抑，通常源于对愤怒的负面标签，比如认为愤怒"不好""不成熟""会伤害别人"。需要重新定义攻击性和人际冲突，承认它是人类情感的自然组成部分。

（2）学会合理地表达愤怒

我们可以从小的、非对抗性情境中开始练习，例如在日常对话中表达自己的意见，即使这些意见可能引发轻微的分歧。可以

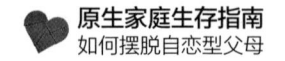

使用"我"陈述法来表达情感，例如："我感到被忽视了，希望我们能有更多交流。"这种方式既表达了自己的情感，又避免了指责他人，让沟通更具建设性。

（3）敢于直面冲突，无须逃避

不要轻易从冲突中走开，我们可以尝试用理性的方式面对冲突，学会在冲突中"存活"下来。例如，员工在表达不同意见后，不必急于恭维老板，而是可以等待老板的回应。一个有涵养的老板可能会进行解释和说明，甚至为员工提出不同意见感到高兴。即使遇到勃然大怒的老板，如果员工能够有理有节地应对这种不合理的愤怒，那么与权威的相处将不再那么困难。

（4）身体和行为层面的调整

身体和行为的积极调整也会带来心理上的变化。比如，你可以尝试走路时更加坚定有力，让身体挺拔起来而不是习惯性地回缩与躲闪；减少不必要的微笑或调侃，让自己更加严肃、有力量；与别人进行适当的目光接触，而不是躲闪或死死盯着对方。试着让声音放出来，变得响亮、明晰，无须刻意低沉或柔软。另外，通过体育锻炼、武术或舞蹈等形式的身体活动，也可以释放积压的愤怒和焦虑。

（5）冲突后及时修复关系

冲突是关系中难免的情况，不是每次冲突都能马上解决，甚至有些冲突可能会让双方都感到受伤。关键是学会如何在冲突后修复关系。这可能包括道歉、澄清误解，或者只是简单地重新开始对话。修复冲突能够让关系更加坚固，而不是因为冲突而远离彼此。

2. 给攻击性过度释放者的建议

对于一个容易愤怒，甚至会通过打架或其他暴力方式释放攻击性的人来说，学会控制和改善攻击性释放方式非常重要。这种行为不仅会破坏人际关系，还可能带来法律、职业和个人生活方面的负面后果。

（1）识别愤怒背后的脆弱情感

过度的攻击性通常掩盖着更深层次的情感，比如挫败、不安、羞耻或无力感。因此，每当你感到愤怒并试图发泄时，不妨停下来问自己："我为什么生气？这背后是不是还有其他情绪？"通过这种内省，也许你会发现真正重要的是理解和表达脆弱情感，而不是一味地攻击。

（2）愤怒来临时，延迟反应

当你感到愤怒时，试着给自己设定一个"冷静期"，通过数到十、深呼吸或者暂时离开冲突现场，让自己有时间平复情绪。短暂的冷静时间有助于恢复理智，避免冲动行事。每当你情绪高涨，尽量让自己先冷静几分钟再处理问题，这可以大大减少情绪失控导致的攻击性行为，也能让强烈的愤怒表达适当"刹车"，减少其强度与持续时间。

（3）掌握更健康的情绪管理方式

情绪管理是减少过度攻击性的核心技能。通过练习一些情绪调节技巧，比如腹式呼吸、冥想或正念，你可以在情绪激动时保持冷静。正念的练习能够让你更好地觉察自己的情绪变化，从而在愤怒刚刚开始时就及时采取措施缓解情绪压力。

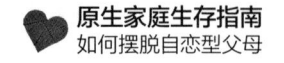

（4）调整肢体语言

肢体语言在冲突中也起着至关重要的作用。当人们愤怒时，肢体语言常常会变得具有威胁性。学会控制自己的姿态、动作和面部表情，可以帮助你避免冲突进一步升级。当感到愤怒时，试着喝口水，看看周围的风景，放松一下身体，避免握拳或挥手等具攻击性的动作，通过控制肢体表现来减少对抗性。

（5）理解暴力冲突的后果

暴力行为不仅可能伤害他人和关系，还会对个人产生严重的负面影响。因此，每当你感到愤怒时，提前思考冲动行为可能带来的后果，可以帮助你更好地控制自己。回顾以往因攻击性行为导致的负面结果，提醒自己冲动的代价有多大，这样能够进一步增强自我控制能力。在第六章中，我将探讨调节猛烈情绪的"STOP 技术"，这对提高自我控制能力、减少攻击行为的冲动性将有很大帮助，从而有效避免冲动攻击带来的负面后果。

不再拘谨，克服毒性羞耻感

许多在自恋型家庭中成长的人，会成为压抑自我表现欲和攻击性的人。这主要是因为他们正常的自我展示常常会受到父母的负面评价和嫌弃，从而让他们觉得展现自我是一种不良行为，甚至为此感到羞耻。《羞耻感》一书中，罗纳德·波特－埃夫隆和帕特丽夏·波特－埃夫隆描述了一个典型案例，深刻揭示了个体羞耻感的成因，即一种缺乏理解的羞辱性回应。

第五章
信任重建：从破碎到完整的关系拼图

一个两岁女孩正在探索世界。她在花园里找了一块特别的地方，兴致勃勃地挖掘着那里松软的泥土。她对自己的成就感到自豪。她想告诉世界："你们瞧，我能挖出这么多土。我很棒。"

她母亲看见这一幕后，大声吼道："你看看你！把这里弄得这么乱七八糟，全身脏兮兮的，衣服也被你弄破了。我对你真是太失望了。你应当为自己感到羞耻。"

小女孩顿时觉得自己非常渺小。她耷拉着脑袋，两眼盯着地面。她看到了自己脏兮兮的双手和沾满了泥巴的衣服，开始发自内心地觉得自己很脏。她想，她身上一定有些什么东西非常肮脏，脏得她永远都不可能真正洗干净。她听出了母亲轻蔑的语气，感到自己有缺陷。

在自恋型家庭中，孩子的表现欲往往得不到父母的理解，反而遭到了评价与否定。随着时间推移，孩子会逐渐对展示自己感到害怕。每当需要表现时，力量和自信都会被紧张和恐惧所取代。这些孩子最终可能会变得性格拘谨，习惯性地压抑表现欲，并受到毒性羞耻感的影响。

理解性格拘谨者的内心世界

深入探究拘谨者的内心，会发现他们其实怀有强烈的表现欲。他们在面对亲密的朋友或伴侣时，往往能够展现出良好的表现力——要么能言善辩，要么见解独到，甚至展现出某种艺术才华，如能歌善舞。然而，内在的毒性羞耻感以及对他人评价的极度恐惧，让他们习惯于压抑这种表现欲，形成谦逊与内敛的外在形象。

这种外在的低调与谦逊，其实是一种心理防御机制，意在掩盖内心深处的脆弱与不安全感。从精神分析的角度来看，他们的内心状态更多表现为"自恋性脆弱"。这一状态往往源于早年经历中缺乏父母的情感回应，或受到父母对其进行的控制和操控。在这些成长经历中，他们的正常自恋需求得不到认可，反而可能遭到忽视、否定甚至羞辱。这种体验导致他们发展出一种深层的不安全感，并将表现欲与可能的失败、批评或羞辱联系在一起。

同时，拘谨者的内心往往还隐藏着一种"自恋性夸大"的部分，这是他们为应对自恋性脆弱而发展出的心理机制。这一病理性的夸大部分，也是压抑他们正常表现欲的一个原因。他们倾向于认为，只有自己变得非常优秀，甚至成为某种"天才型"的人物，才有资格展现自我，才值得被他人看见和认可。他们将个人价值与完美成就紧密绑定，对现实中的自我设置了极高的标准。这样的认知使他们在将现实自我与理想化的"夸大自体"相比较时，总会感到自己远远不够好，不值得展现真实的自己。

整合表现欲，让它成为创造力与幽默感的动力来源

表现自己是人正常的自恋需要，每个人都渴望将自己优秀的一面——无论是容貌、身材、谈吐，还是能力和性格——呈现给他人，并赢得他人的喜爱。这种展现是我们价值感和成就感的重要源泉。当一个人展示自己的才华、幽默或品质时，不仅满足了

自己正常的自恋需要，也为他人带来了新鲜且有价值的东西。因此，表现自己无疑具有积极的意义。

我有幸因工作结识了一位极具魅力的学者型领导，他总能带来欢笑和满满的收获。他不仅是个才华横溢的人，更有着强烈的自我展示欲望。他那些妙趣横生的观点和独创性的幽默，总能让团队氛围变得轻松愉快。即便时过境迁，依然让人回味无穷。然而，与此形成鲜明对比的是那些性格较为拘谨的人。在公共场合，他们常常显得紧张不安，神情严肃，总觉得众人的目光都聚焦在自己身上。这种在社交场合的过度紧张和压抑表现欲之间存在着密切的联系。

拘谨者需要摆脱过度自我保护的束缚，让更自然、更真实的自我得以展现，从而体验到表现自我的快乐。以下是一个生动的例子。

过去，每当需要在公众场合发言前，林静都会感到一阵紧张。她坐在桌前，低头反复在纸上写写画画，嘴里轻声念着发言稿。她习惯将所有要讲的内容都提前写下来，叠放整齐后再三确认。她担心如果没有事先准备的文字，在发言时可能会说得含糊不清，甚至在某个瞬间突然语塞。

一次年终述职会上，她手里拿着写好的稿子，站在会议室中央，避开前方同事的目光，声音有些颤抖地开始念稿。尽管发言顺利完成，但她坐下后仍感到手心微微出汗，心里默默想着："还好没出错。"

然而，随着公众发言的机会增多，林静逐渐有了一些新的体验。一次，她因为时间仓促没有准备好完整的发言稿，只记下了几个关键词。站在台上时,她抬头环视了一下听众,吸了口气,试着用自己的语言讲述内容。令她意外的是,在这个过程中,她想到了一些新的例子和观点,她自己都没预料到这些想法会冒出来。她停顿了一下,嘴角微微上扬,接着继续讲下去。

此后,她尝试放下对"完美表现"的执着,更愿意分享那些尚未成熟的想法。在一次培训中,她即兴补充了一个生活中的故事,注意到听众露出了认同的表情,她的语速逐渐放缓,语气也变得更自然。结束后,她回忆起发言时的状态,感到一种前所未有的流畅感。

这个例子启示我们,拘谨者应该更加信任自己潜在的表现能力,并勇敢地展现它。他们需要逐渐去恢复那种自如表现的感觉,就像一个两三岁的对父母充满信任的小孩,他乐于去展现自己,并自然能得到父母的积极回应。一段安全、非评判性的关系,能够帮助他们逐渐敞开心扉,重新体验到满足正常自恋需要的喜悦与成长。

培养挑战的心态,不再逃避

挑战的心态是摆脱自我束缚的关键。当人或动物面临威胁时,他们往往会选择采取战斗、逃避、木僵或假死这四种典型应对策略中的一种。力量薄弱者更倾向于采用后两种被动防御方式,而自我强壮的人则更可能选择主动出击,以战斗的姿态面对困境。

那些杰出的政治家和企业家通常都具备坚韧性的人格特质,

第五章
信任重建：从破碎到完整的关系拼图

其中包括挑战的心态、强烈的使命感和自我控制能力。而挑战的心态无疑是其中最为核心的元素。拥有挑战心态的人，能够将紧张情绪转化为激励自己的力量，从而更好地应对各种挑战。

心理学研究表明，在压力下表现出色的人并非不会感到紧张，而是他们学会了以不同的态度去面对挑战。他们将挑战视为机遇而非威胁，并以接受和面对的心态去应对压力下的紧张反应。这种心态的转变会带来显著的外在变化。心理学家斯坦利·沙赫特的情绪二因素理论认为，个体对生理反应的认知解释对情绪体验具有决定性影响。因此，当我们学会将压力视为助力，并将压力下的紧张当成自然反应的一部分时，它们就会成为我们前进路上的宝贵资源。

例如，当你即将站在台上发言时，恐惧感可能会瞬间涌上心头。此时，态度和行为至关重要。如果你被负面的联想困扰，身体也变得畏缩，那么你将失去自信并让紧张加剧。相反，如果你能以挑战的心态迎难而上，中止负面联想，昂首挺胸、面带微笑地走上台（逆情绪而为），来自身体和心态层面的积极变化将带给你力量，紧张的情绪便能逐渐转化为应对压力的动力，最终带来更好的表现。

一个能够培养挑战心态的人，能逐渐挖掘出人格中那些隐藏的潜力。那些曾经因害怕失败而被压抑的表现欲、创造力和幽默感，将逐渐显现出来，使个体成为更有表现力、更富有魅力的人。同时，这种心态转变还能帮助个体在人际关系中获得更多的认可和成就。

培养挑战的心态并非一蹴而就，而是需要通过系统性的练习

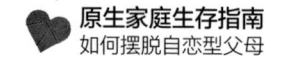

和认知调整来逐步实现。以下是一些具体的策略：

1. 认知调整

（1）将压力当成锤炼自己的机遇

生活中的压力和挑战并非全然负面，它们往往是我们成长和突破的机会。只有在压力中克服困难，我们才能真正提升自己的能力。试着将每一次挑战看作是自我升级的阶梯，而非陷阱或威胁。

（2）将压力反应视为朋友

压力和紧张并不是敌人，它们是身体自然的生理反应，旨在帮助我们为即将到来的挑战做好准备。学会以开放和欣然的态度迎接这些体验，将它们视为前进的动力，而不是阻碍。

（3）与勇敢者为伍

身边的人对我们的心理状态有着重要的影响。与那些勇敢面对挑战的人为伍，学习他们的乐观精神和挑战心态。积极的榜样能够感染我们，带动我们用更积极的方式看待压力。

2. 行为调整

（1）转移注意力

当紧张情绪袭来时，不要将所有注意力集中在负面体验上。尝试一些简单的技巧，比如缓慢数呼吸、观察周围环境中的细节，或者专注于当下的任务。这些方法能调节紧张情绪的强度，帮助你更冷静地应对压力。

第五章
信任重建：从破碎到完整的关系拼图

（2）觉察并改变逃避行为

很多时候，逃避是一种潜意识的反应。觉察自己的逃避反应是必要的。例如，注意自己是否习惯性地退缩、找借口或推脱责任。一旦发现这些模式，就主动用积极的行为代替，比如微笑、挺直背部、放松肩膀等。身体的开放姿态可以反过来帮助改变内在情绪。

（3）身体调整

强烈的紧张反应容易让人进入急迫状态，动作、语速、呼吸等都会快起来，并加剧紧张反应。试着在紧张时让自己的步速、语速、呼吸慢下来，让自己紧绷的身体变得灵活起来（比如伸个懒腰或做一下扩胸运动），逐渐地，来自身体层面的放松会带来心理上的放松和力量。

（4）逐步尝试"高风险"任务

从小的挑战开始，逐步提升任务的难度。例如，如果你害怕公众演讲，可以先尝试在小范围内发言，逐渐过渡到更大的舞台。在每次挑战成功后，给予自己肯定和奖励，让自信心逐步积累。

3. 寻找资源，提升自我价值感

充分的自我价值感为迎接挑战打下了坚实的基础。每个人都有一定的资源，我们可以从三大经验领域中获得掌握性资源、关系资源和象征性资源❶，然后将这些资源"植入"内心，以提升自

---

❶ 来自《EMDR 治疗基础培训教材》，由 EMDR 创伤心理学治疗学组编制。

我价值感。

掌握性资源是我们关于过去的成功和成就、有效的边界设置、自信和自我照顾的记忆。比如，一个人关于过去的成功记忆是他在大学时曾经参加过校园十佳歌手比赛并得到名次，这件事情让他自豪很久。在众目睽睽之下能够把歌唱好，他感到自己很厉害。

关系资源有两种：支持性的他人和榜样。"支持性的他人"是我们身边能提供直接的关怀、共情、肯定和教诲的人。个体跟支持性的他人之间存在某种程度的依靠和信赖的关系，并能从中收获力量和信心。"榜样"则是我们想要效仿的人，既可以是身边的人，也可以是那些与个体没有直接接触的人，比如历史上的或虚构的人物，或者某个公众人物。

象征性资源可以源自文化、宗教，也可由个体从其梦境、引导式想象和艺术创作中直接产生。比如，寒冬的蜡梅可以成为支撑革命者艰苦奋斗的象征性资源。

当你找到了资源之后，仔细回想其画面、声音或感觉，并用一个关键词来为其命名。比如，对一位参加校园十佳歌手比赛并获奖的男子而言，他能想起参加比赛时赢得大家掌声的场景，并体验到一种自豪的情感。他以"十佳歌手"这个关键词来命名这个资源，然后用一个**蝴蝶拍**的方式将力量植入内心。具体方法包括3个步骤：

第1步：双臂在胸前交叉，右手在左侧，左手在右侧，轻抱自己对侧的肩膀。

第2步：双手轮流轻拍自己的臂膀，左一下、右一下为一轮。在拍的过程中,脑中浮现那个支持性的资源画面(包括声音、感觉等)。

第3步:速度要慢,轻拍4~6轮为一组。一组完成后停下来,深吸一口气,此时你感觉如何?如果好的感受不断增加,就可以继续下一组蝴蝶拍。

经常进行这样的练习,把那些资源逐渐植入内心,可以增强力量感。当一个人内在力量感增强之后,他会逐渐改变"我不好"的负性信念,更多地发展出"我很好""我可以"等积极信念,逐渐提升自我价值感,获得迎接挑战的信心。

第六章
自我和解：从僵化到有弹性的内在状态

减少使用不健康的心理防御机制，摆脱过高或过低情绪的困扰，学会在压力下从容优雅地应对挑战，是自恋型家庭幸存者在疗愈过程中需要不断精进的部分。除此之外，调整过于苛刻的超我，减少对自我的过度批判，学会健康地自爱，也是这一过程中至关重要的环节。

勇敢面对自己，重塑心理防御机制

为了应对过于严苛的生活环境，很多人可能会不自觉地发展出某些不健康的心理防御机制。这些机制在初期确实能够帮助他们减轻痛苦，但往往是以牺牲心理健康和良好关系为代价的。当自恋型父母长期采用多种不成熟的心理防御机制来养育子女时，如投射、否认、投射性认同等，孩子们可能会在潜意识中认同并模仿这些机制，将其作为自己应对压力的方式。

心理防御机制有很多种类型，精神分析学家南希·麦克威廉斯在《精神分析诊断：理解人格结构》中罗列了28种典型的防御机制。杰罗姆·布莱克曼则在《心灵的面具》中系统总结了101种防御机制。本文结合对自恋型家庭幸存者的观察，介绍8种常见的心理防御机制。尽管这些防御机制在潜意识层面运

第六章
自我和解：从僵化到有弹性的内在状态

作，但我们仍然可以通过有意识地审视来发现它们，并及时进行反思和调整，以避免其带来的不利影响。

1. 投射

投射是指将自己的态度、愿望、情感等归结于别人或某个事物，就像在电影院观看电影时的情景。当放映机停止工作时，屏幕是空白的；而当放映机启动后，屏幕上便会呈现出各种图像。这些图像并非源自屏幕本身，而是来自放映机内部的胶卷。同样，投射是我们将内在的情感或认知投到他人身上，而非准确地感知外部世界。

投射是自恋者常用的一种防御机制，他们习惯于凭想当然的方式去理解他人，而缺乏客观、准确的认知能力。比如，一位父亲经常觉得儿子故意与他作对，不听从他的意见，因此他每次都会严厉惩罚儿子。事实上，儿子只是表达了不同的观点，并非有意对抗，但父亲以一种扭曲的视角解读了儿子的行为。这种投射不仅妨碍了父子间的沟通，还加剧了彼此的误解与冲突。

值得注意的是，投射并不总是消极的。事实上，人类的共情能力正是建立在投射机制之上的。毕竟，没有人能真正了解他人的内心世界，我们只能通过自身的情感体验来理解他人，这本质上就是一种投射。比如，直觉、心灵相通的体验，或与某人或某个团体产生神秘的同一感，都是投射在积极层面上的体现。

○ 如何化解投射？

正确的沟通是化解投射的有效方式。通过开放而坦诚的交流，我们能够更准确地理解他人的真实意图和情感，而不是依赖内心的假设来判断外部世界。投射一旦被意识到,个体就有机会反思自己的情感来源,并重新审视自己与他人之间的关系。

例如,一位习惯于投射自己敌意的人,可能经常感到周围的人对他怀有恶意。通过心理咨询或自我觉察,他会逐渐意识到,那些他认为来自外界的敌意,其实是源自内心未被处理的愤怒情感。通过咨询师的引导和探索,他可以开始将投射回收,转而直面自身的情感,同时学习如何通过诚实沟通来减少误解。

自我反思是识别投射的关键。当产生强烈的情绪反应时,可以停下来问问自己:"这种情绪真的来自外界,还是源于我内心未解决的冲突?"通过反思,个体能够发现情绪的真实来源,并将注意力转回自身,而不是一味地将责任推给他人。

2. 投射性认同

投射性认同是一种复杂的防御机制,涉及诱导他人以某种特定的方式作出反应,从而形成一种心理操控的模式。它由精神分析学家梅兰妮·克莱因首先提出。人格不成熟的人常常利用投射性认同,将自己无法容纳的心理成分"转移"到他人身上,从而在关系中操控对方的情感和行为。

自恋者经常使用投射性认同,强迫他人接受他们不愿承认的情感和心理部分。比如,一个强势且主导的母亲不断地强调孩子的无能与脆弱,干涉孩子独立的尝试,孩子逐渐地变得越来越不相信自己,越来越依赖母亲。在这个过程中,这位母亲可能将自己不愿意承认的脆弱和无能感投射到孩子身上,潜移默化中"强迫"孩子认同这种心理成分,最终导致孩子过度依赖母亲,难以

第六章
自我和解：从僵化到有弹性的内在状态

独立生活。

南希·麦克威廉斯指出，投射性认同是一种极具破坏性的防御机制，它不仅会影响被投射者的情感和行为，还会导致双方关系的严重扭曲。这种机制往往使被操控者产生困惑和不适，因为他们无意识地接受了投射者强加的情感或态度。

○ 如何识别及改善投射性认同？

识别投射性认同的一个方法是关注自己在与他人相处时的感受。如果你经常感到不舒服，觉得自己被压迫或胁迫，甚至产生无缘无故的情感变化，比如突然感到自卑、内疚、愤怒或无法坚持自我，那么你可能正在成为投射性认同的对象。

从深层意义上来讲，投射性认同不仅是一种防御机制，还是一种无意识的沟通形式，它揭示了投射者内心深处未被处理的情感和冲突。比如，如果你感觉与某人相处过程中，自己越来越自卑，一旦你有了投射性认同的视角，也许你会意识到，这种自卑感可能是对方传递过来的未被整合的脆弱情感。通过识别这种模式，你认识到自己成为对方投射的承载者。这有助于你恢复自我认同，并与投射者建立更加清晰的界限。

改善投射性认同的关键在于提升对自我的觉察，学会容纳那些无法被承认的情感，并对其进行探索和理解。随着情感涵容能力的提升，一个人会越来越少地依赖这种机制来处理情感，能够发展出建设性的人际沟通方式。不过，习惯于使用这种机制的人往往心智化能力不足，缺少自我反思的习惯，所以需要在长程的心理咨询中去觉察这种机制的出现，并提升对消极情感的涵容能力，逐渐减少对该机制的使用。

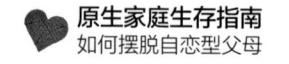

3. 分裂

分裂机制指个体对某人或某事物持有完全相反的态度，这些态度在个体的内心共存，但意识不到彼此。这种防御机制常见于人格尚未成熟的人群中，他们难以同时容纳对同一对象的矛盾情感，因此选择将这些对立的情感分割开来，在好与坏、爱与恨之间摇摆不定。

分裂作为原始防御机制，常被边缘型人格障碍患者采用，而自恋者常将其用于维护其夸大自体。自恋者倾向于将自己理想化为完美无瑕的存在，而把他人贬低为一无是处的失败者。这种做法实际上是为了逃避内在那些脆弱与无能的部分，以此来保护他们不稳定的自尊心。自恋者很难从一个全面、整合的视角看待自己和他人，容易陷入非黑即白的思维模式。

一位自恋的母亲经常在孩子面前强调自己的奉献与牺牲，是家庭中最大的贡献者，而她的孩子们则被视为不听话、愚蠢的拖油瓶。然而，这位母亲长年坐在麻将桌前，不关心孩子的生活和学习。她还被她的朋友骗去几十万元，令家庭经济陷入危机。但这些失败的经历通过分裂机制被她排除在意识之外，她继续维持着对自己"完美母亲"的认知。

分裂在婴幼儿期是一种正常的防御机制，能够帮助他们应对内在和外在的压力和冲突。然而，如果分裂的心理成分长期未被整合，个体在成年后仍依赖这种极端化的认知模式，则容易出现情感和人际关系上的不稳定。比如，看待自己时，他们可能有时候觉得自己完美无缺，有时候又觉得自己一无是处，导致情

第六章
自我和解：从僵化到有弹性的内在状态

感的剧烈摆荡。面对他人时，他们容易从好坏二分的视角去理解，而无法以完整的视角去认识对方，经常会导致关系的冲突和破裂。

○ 分裂有何后果，如何修复？

即使父母经常使用分裂的心理防御机制，孩子如果能在成长过程中得到情感成熟者的帮助，也能更好地识别这种极端化的情感反应，从而获得一种内在的稳定感。否则，孩子可能会在成年后延续父母的分裂模式，陷入同样的情感和关系困境。所以，在自恋型家庭中，如果父母中有一方人格健全并对孩子充满保护，或者其他重要人物能够充当这样的保护性客体，那么，孩子受到的伤害将得到极大的缓解。

改变的关键在于学会整合矛盾的情感和态度，逐渐建立起更为整体和成熟的自我观念，学会接受自己和他人的优缺点。心理咨询提供了一个安全的环境，帮助个体逐渐放弃非黑即白的思维，培养对复杂情感的包容与理解。这一过程有助于打破分裂模式，促进建立更健康的人际关系和自我认同。一个有情感包容度的伴侣、亲人或好友，也能提升人格整合能力，减少对这种机制的依赖。

4. 否认

否认是一种常见的防御机制，用于逃避令人痛苦或不安的事实。人们通过否认，暂时拒绝接受现实，以减轻焦虑。例如，一个吸烟者可能会怀疑吸烟与癌症之间的关联，否认证据的可靠性，甚至用"家族中没有人因吸烟患癌"的借口来自我安慰。在

《扁鹊见蔡桓公》的故事中,蔡桓公面对医生扁鹊的健康警告,第一反应便是怀疑和否认,认为这是危言耸听。

否认机制背后的隐含逻辑是:只要我不面对那些令人不安的事实,问题就不存在了。这是一种幼稚的逃避方式,"掩耳盗铃"的故事就展现了这种否认机制:盗铃者捂住自己的耳朵,想当然地认为自己听不到铃声,那么自己就没有在偷盗。

自恋型父母常常否认自己对孩子存在剥削、控制或虐待的行为,甚至在孩子受到严重伤害时仍然视而不见。在最极端的情况下,即便孩子自伤或自杀,这类父母仍然拒绝承认自己的问题,将责任推给外界。他们只关注那些符合自己理想形象的事实,忽视和拒绝面对那些可能引发焦虑的事实。通过否认,他们维持了自己"完美父母"的幻想,但对孩子造成了深远的伤害。

○ 否认有何危害,如何识别?

虽然否认可以短期内帮助个体减轻焦虑,避免直接面对痛苦的事实,但从长远来看,否认会使个体陷入更深的心理困境。由于否认现实,个体无法有效处理情感和应对现实中的问题,但未解决的问题通常会长期存在,且可能随着拖延变得更严重。例如,父母长期否认对孩子的情感忽视,可能会导致孩子日益孤僻、愤怒,甚至长期陷入心理疾病而得不到及时治疗。

应对否认机制的关键在于培养面对现实和接受负面情绪的态度,学习倾听他人的反馈,尤其是来自亲密朋友、家人或专业人士的意见。例如,吸烟者最终必须正视吸烟的危害,而不是依赖家族遗传或其他借口去回避健康问题。或者,心理出了问题的孩子,其父母必须正视这个事实,并采取适当的方式(比如寻求专

第六章
自我和解：从僵化到有弹性的内在状态

业帮助）去解决问题。

5. 解离

解离是指个体在面对极端压力、创伤或不可接受的情境时，意识、记忆、身份或感知与当下现实暂时"断开"的现象。它既可能是暂时的适应性反应，也可能是心理障碍的表现。

在生活中，我们偶尔会经历一些短暂而轻微的解离。比如，在即将进行重要发言时，有时我们会突然感觉大脑一片空白，仿佛之前准备的所有内容都消失得无影无踪。又或者，在即将与一个重要客户见面时，我们可能会突然想不起他的名字，尽管之前已经多次记忆。此外，在有压力的人际交往中，有时我们也会突然感觉自己像是一个旁观者，身在其中却感觉周围的一切都变得陌生。

一般来说，这些短暂的解离现象不会对我们的生活造成明显的困扰，它们更多是压力或紧张情境下的短暂心理反应。然而，如果这些状况频繁出现，持续时间较长，甚至伴随其他症状，那么就需要引起重视了。严重的解离常会有以下表现：

- 脱离感：个体可能感到自己与身体、情感或环境产生脱离，就像是在旁观自己的生活一样。
- 遗忘和记忆问题：解离状态可能伴随对创伤或压力事件的遗忘，个体无法回忆起特定时间段内发生的事情。
- 身份混乱：在解离状态下，个体可能对自己的身份或角色产生混乱，无法清晰地认识自己。
- 时间感失真：解离状态可能导致对时间的感知出现扭曲，

感觉时间过得很慢或很快。
- 感觉麻木：个体可能对周围环境或自身的感觉产生麻木感，减轻对痛苦或不适的感知。
- 切断情感体验：解离可能导致个体对情感体验的切断，无法适当地感受和表达情感。
- 生活失去连续性：解离状态下，生活可能显得不连贯，个体难以将不同时间点的经历整合成一个连贯的生命故事。

创伤心理学家巴塞尔·范德考克研究了童年创伤与解离症状之间的关系。他发现，儿童在无法逃避的创伤情境中，常常通过解离的方式自我保护。这些创伤性的经历通过解离的形式被封存起来，形成了个体的潜在心理伤疤，日后可能在特定触发点上重新显现。解离可以被视为大脑自发形成的一种应对策略，帮助个体暂时逃避无法承受的痛苦感受。由于这些创伤记忆通常未能与正常意识整合，解离的个体常常会在某些特定情境下重新体验到这些被隔离的记忆，并产生严重的情绪波动。

○ 如何应对解离？

那些在童年时期长期遭受情感和躯体虐待的人，往往容易形成复杂性心理创伤。他们在遇到人际压力或者某些情景时，会持续一天或者数天进入混乱、迷茫、麻木等解离状态，不由自主地与当下情景脱离，陷入那些痛苦的回忆和体验中。通过正念觉察、情绪调节、痛苦容忍练习，以及增强人际效能，个体能够逐渐恢复与外界的连接，提升情绪承受能力。

6. 行动化

行动化指的是个体在面对内心的冲突、情感困扰或压力时，采用外在的行为来表达或发泄这些情绪，而不是通过思考、言语或其他方式来处理这些情感。行动化通常是情绪的外化表现，个体用某些冲动性行为（如暴力、冲动购物、过度饮酒等）来应对内心的焦虑、愤怒或不安。

林浩最近工作压力很大，老板对他所负责项目的进度很不满意。每当同事问起项目进展时，林浩都会假装自信地说："一切都在掌控中。"实际上，他感到极度焦虑、烦躁。在又一次被老板批评后，林浩在购物平台疯狂购物，买了许多根本不需要的物品。回家路上，他甚至冲动地报名参加了一个价格不菲的健身课程。当妻子问他为什么突然花这么多钱时，林浩暴躁地回答："我工作这么辛苦，难道不能对自己好一点吗？"

林浩的内心充满了焦虑、愤怒和自责，但他没有通过反思或与他人良性沟通来解决问题，而是通过外在的冲动性行为来释放这些情绪。这就是典型的"行动化"防御机制的表现。

○ 如何减少使用行动化的防御机制？

一种方法是提升心理象征化能力。所谓心理象征化，指的是将原始情绪冲动转化为可被心智加工的表征形式（语言/意象/隐喻）。比如，一个人在被拒绝时感觉"很难受"，这是一种原始的情绪体验，如果将其拆分为"委屈＋孤独＋失望"，那么，这种原始的情绪体验就被充分地心智化了，建立起了精准的"情绪—

语言"联结。从神经生物学机制上来看，这种操作能激活前额叶皮层对边缘系统的制动作用，提升对情绪的耐受力。以下是几个具体的操作建议：

- 延迟反应训练：情绪爆发前，强制插入"暂停间隙"，如深呼吸 10 秒、倒数数字。同时自问："此刻我的身体感受是什么？""这种愤怒 / 恐惧背后可能藏着什么需求？"这些理性的反思能够降低情绪的张力，扩大情绪耐受窗口。
- 具身隐喻转化法：将身体感受转化为象征物，如"胸口像压着烧红的铁块""我需要冷却被灼伤的信任"。通过右脑主导的意象加工，绕开左脑的认知防御，使无意识内容显性化。
- 第三方视角叙事：用第三人称重述冲突事件，如"在父母争吵时，那个男孩为什么冲上去？"，创造心理距离以启动反思功能。
- 仪式化行为替代：创建私人仪式处理愤怒，如将想说的话写在石头上沉入河流，用象征动作释放情绪张力。重复仪式可重塑"情绪—行为"神经回路，逐步替代攻击性反应。

7. 合理化

当我们无法获得渴望的东西时，常常会不自觉地采用一种心理策略，将那件事物贬低，认为它原本就不值得追求，这就是所谓的"酸葡萄心理"。相反，当不幸的事情发生时，我们又会努力说服自己，事情其实没有那么糟糕，这种现象被称为"甜柠檬

第六章
自我和解：从僵化到有弹性的内在状态

心理"。这两种心理现象都是合理化机制的典型表现。

合理化是一种防御机制，指个体通过调整对事物的看法和认知，减轻内心的不安与焦虑。尽管这种认知调整可以暂时缓解情绪压力，但它往往脱离现实，带有自欺欺人的特征。这种防御机制在自恋型父母及其子女中尤为常见。自恋型父母常通过合理化来美化自己不当的行为，比如将对孩子的打骂解释为"爱的表现"，或将过度的同辈比较视为"激励教育"。他们可能会以"为了孩子好"为借口，合理化自己的控制和批评行为。与此同时，孩子一方面从父母那里习得这种心理策略，另一方面也需要通过合理化来美化父母的伤害性行为，以维护心中父母的正面形象。

虽然合理化能够暂时缓解心理压力，但长期依赖这一机制会使个体忽视或压抑自己的真实情感与需求。例如，一个孩子在父母的打骂下，可能会将父母的苛待合理化为帮助他压制负面的"错误欲望"，以维持对父母的爱与尊敬，逃避体验悲伤以及对父母的愤怒。事实上，引来父母打骂的可能只是微不足道的小错误，如弄丢钥匙、考试没拿满分等。在潜意识中，这些愤怒可能转化为对自我的严苛批评，甚至引发内在的自我攻击。

○ 如何识别合理化并调整认知？

识别合理化的关键在于勇敢面对自己的真实情感和需求，不被表面的合理解释所蒙蔽。

38岁的张先生声称自己视名利如粪土，只想过轻松自由的生活。然而，同学会前夜他必因梦见找不到会议室座位而惊醒，而那些比他更成功的同学则在梦中拥有着自己的位置。经过深入的自我反思，他不得不承认自己内心的挫败感，并意识到自己其实渴望在社会比较中占据一席之地。这个觉察让他不再欺骗自己，开始正视并追求自己的真实抱负。

合理化作为防御机制的价值在于它能够帮助个体应对心理冲突，但只有当个体能够直面内心需求时，才能获得真正的成长。通过心理咨询或自我探索，个体可以学会识别和放弃合理化，承认自己的脆弱和需求，进而发展出更成熟的应对机制。

8. 情感隔离

情感隔离是对与特定想法或记忆有关的情感的压抑。在情感隔离者的身上，事件会被清晰地记起，而与事件相伴的情感则被压抑了。

一位女孩的父母经常大吵不休。最初，当父母争吵或打架时，她会感到害怕，并到处求助。随着类似经历的不断反复，她开始以一种很冷静的态度看着父母的行为并听着父母争吵的内容，而没有任何的情感。情感隔离成为她习惯性使用的防御机制。即使遇到很高兴的事情，她也无动于衷。当她遇到很难过的事情，比如恋爱分手时，她也体验不到悲伤和愤怒等情绪。但在事情过后的几个月里，她会一直遭受身体疲乏、失眠等症状的折磨。

情感隔离在一些情况下是很必要的。外科医生在做手术时，需要隔离害怕、厌恶等情感；战斗的指挥员如果无法隔离情感，那么将很难做出战斗的决策。当面对巨大压力时，有的人会在当下相当冷静，头脑非常清醒，这种状态让他们能够相当好地应对突发事件。正如南希·麦克威廉斯所说，如果一个人的主要防御机制是情感隔离，同时他会高估思想的价值而贬低情感的价值，那么这个人的性格结构可能是强迫性的。

○ 如何调整和改善情感隔离？

情感隔离会让一个人失去与情感世界的联结，这是导致他们身体疲惫、情绪抑郁以及缺少同理心的重要原因。心理咨询、自我分析、正念冥想、阅读小说或观看影视剧等，均有助于改变一个人与情感的关系，逐渐增强探索、表达、理解自己和他人情感的能力。

情绪反应与身体感受紧密相关，增强对身体的觉察，有助于及时识别情绪。不定期地扫描自己的身体，关注是否有头皮发麻、胸闷、背痛、手指冰凉等感受，这些身体感受往往对应着相应的情绪。

身体反应与对应情绪表

身体反应	可能对应的情绪
肩颈僵硬	焦虑 / 压力
胃部紧缩	恐惧 / 不安
手心出汗	紧张 / 期待
头皮发麻	焦虑 / 认知超载
后背疼痛	压力 / 责任
……	……

识别和调整不良心理防御机制的原则

心理防御机制在维持我们心理健康方面发挥着重要作用，它像一层"心理皮肤"，帮助我们应对各种压力与挫折。然而，防御机制也有其局限性，有时它会以掩饰或伪装我们真正的动机，或否认可能引起焦虑的冲动、欲望和记忆来起作用。某些防御机制，比如投射性认同、贬低等，还会有剥削和利用的消极人际影响。因此，我们需要学会识别和调整不良的心理防御机制。

防御机制，一旦在我们内心生根发芽，便如同顽固的野草，难以轻易铲除。好在我们的目标并非彻底消除这些防御机制，而是学会及时地觉察它们，并作出适当的调整，发展出建设性的应对方式。只有这样，我们才能避免它们对当前的情绪、人际关系以及认知能力造成负面影响。

1. 对心理防御机制保持敏感

我们需要培养一种能力，去准确辨识某个判断或评价是源于客观的总结，还是仅仅出于自我保护性的心理防御。

一个男子在聚会上听闻某位同学因经济问题而错失晋升机会，他立刻变得很激动并为那位同学打抱不平。然而，在深入反思后，他意识到，自己的这种反应并非真正出于对同学的同情或正义感，而是一种掩饰真实感受的手段。

这种现象称为"反向形成"，即通过夸大某种情感来掩盖与其相反的真实情感。在这个例子中，男子表面上同情同学，为他鸣不平，实际上内心深处可能隐藏着一种幸灾乐祸的情感。

那么，心理防御机制的使用与正常的情绪反应有什么不同呢？防御机制的本质是无意识的情感替代（比如用愤怒替代羞耻），往往伴随自我欺骗；正常情绪则基于对现实的直接体验与接纳，可通过主动调节回归平衡。我们可以通过以下两个表现，来区分防御机制的启动与正常情绪反应的不同。

（1）检验反应的"一致性"与"合理性"

正常情绪：与情境逻辑匹配，情感与行为内外一致（如因同学受委屈而愤怒，且事后愿为同学提供实际帮助）。

防御机制：反应强度或形式超出事件本身（如过度替同学愤怒），且常伴随矛盾（如一边声援同学，一边回避具体帮助行动）。

（2）追溯情绪的"持续性"与"自我觉察"

正常情绪：情绪随事件解决自然消退，当事人能清晰描述感受来源（如"我生气是因为规则不公"）。

防御机制：情绪长时间滞留或突然爆发，且当事人难以解释深层动机（如"我只是莫名兴奋，好像并没有愤怒"）。

某位女士频繁指责伴侣"冷漠自私"，拒绝沟通。如果是正常的情绪反应，那么，这位女士在指责伴侣的同时，也会直接表露自己的需要，"我想要更多的陪伴"。如果这位女士在使用防御机制，那么她可能害怕表露自己真实的需要，通过指责，她将"渴望亲密"的羞耻感转化为攻击行为。

或者，某位男士面试失败了。如果是正常的情绪反应，他可能坦然承认失败，分析面试表现后继续投递其他岗位。如果这位男子声称"这职位没发展前景，幸好没去"，他可能在使用合理化的防御机制——用看似理性的借口掩盖挫败感，避免承认能力不足。

2. 培养反思的习惯

保持对防御机制的敏感性，与养成反思的习惯密不可分。反思能帮我们及时觉察这些想法，并认识到这可能是一种投射。比如，你认为伴侣只顾着他的事业，从来不关心你。在这种情况下，尝试暂停片刻，设身处地地从伴侣的角度思考："我把他当成什么样的人了？""倘若我是他，我会有怎样的感受和想法呢？"通过这样的反思，你能够更深入地体会伴侣的情感和立场，从而增进对伴侣的理解。

因此，当你被愤怒的情绪或偏执的观念所困扰时，试着暂时放下这些情绪和想法，换个角度去思考："如果我是他，我会如何思考和行动？"在这个过程中，你仿佛变成了对方，深刻理解了他的内心世界。通过换位思考，我们不仅能够让自己冷静下来，减少不必要的投射，还能提升我们理解他人的能力。

自我分析及情绪记录有助于培养反思的习惯，以第三方的视角审视自己的想法和情绪，及时识别心理防御机制的使用，具体可以参考《探索你自己：自我分析的途径》一书。

3. 及时识别操纵

在人际交往中，我们时常会体验到一些微妙的感受，这些感受源于潜意识层面的交流与碰撞。然而，由于现场环境的压力或自身的不自信，这些感受有时会被我们忽略或压抑。

我曾有过一次与一位颇具名望的人士交往的经历。在那次交流中，我始终感到一种难以言喻的不适。当时，还有其他两人在场，其中一人对他充满崇拜，另一人与他相谈甚欢。这种氛围让我不禁开始怀疑自己的感受是否真实。然而，随着后来对他更深入的了解，我逐渐确认了自己当初的感受是合理的。回顾那段交

第六章
自我和解：从僵化到有弹性的内在状态

往过程，我意识到他那种表面热情却内在评判、审视和做作的态度，正是我感到不适的根源。当时，由于对方的优秀地位、现场的压力以及我的不自信，我未能及时识别和澄清这些感受，反而因此陷入了自我怀疑。

这次经历提醒我，在与人交往时，要时刻留意自己的感受。这些感受往往蕴含着关于自己和他人的重要信息，它们可能并非百分之百准确，但也不应被轻易忽视。自恋者常常会不自觉地炫耀自己、贬低他人，或侵犯他人的边界，在与他们相处时，我们容易产生嫉妒、自卑和自我怀疑等负面情绪。因此，及时留意、理解和澄清这些感受，对于我们看清对方的真实面目，以及认识自己的内心世界至关重要。

4. 他人是一面镜子，在关系中反省自身

我记得我的孩子在还小的时候，养成了一种特定的语言习惯。每当他想要某样东西，比如看电视时，他并不会直接说"我想看电视"，而是采用一种反问的方式："爸爸，你就不能让我看电视吗？"当时，我不明白他为何会选择这样的表达方式[1]，我甚至因此责怪他，并鼓励他更直接地表达自己的想法。

事后我始终对此心存疑惑，我一直在思考，孩子为什么会这样讲话。直到后来，我惊讶地发现，原来他是在无意中模仿了我的表达方式，而我自己却对此浑然不觉。我一直认为自己是一个尊重、理解他人，且能够直接表达想法的人。但当我开始仔细观

---

[1] 这是一种"转被动为主动"的防御机制，以使自己在关系中获得主动权。

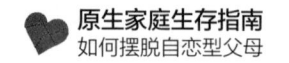

察自己的言行时，我惊讶地发现，在某些情况下，我确实会采用这种反问的方式，尤其是在与爱人交流时。

这个发现让我反思了自己的言行对孩子的影响。它提醒我，作为父母，我们的言行举止无时无刻不在影响孩子。因此，为人父母者需要谨慎地觉察和反省自己的表达方式，尽量避免不健康的防御机制对孩子的消极影响。

在风暴中锚定自我，回到情绪耐受窗

情绪耐受窗（Window of Tolerance）是心理治疗师丹尼尔·西格尔提出的一个概念，用来描述个体能够有效处理情绪、应对压力和保持理智的情绪范围。当我们处于情绪耐受窗时，我们能够灵活、理性地应对外界的压力和刺激。而当我们超出这个窗口时，情绪反应可能变得过度或不够，个体可能会进入以下两种极端状态中的一种。

（1）高唤醒状态（过度激活）

当情绪过于强烈，超出了情绪耐受窗的上限，个体会进入高唤醒状态。这通常表现为焦虑、恐慌、愤怒等过激反应。个体可能会感到心跳加速、呼吸急促，难以集中注意力，甚至表现出战斗或逃跑反应。

（2）低唤醒状态（激活不足）

突破情绪耐受窗的下限后，个体会进入低唤醒状态，变得情绪淡漠。这时情绪可能被压抑或冻结，表现为情感麻木、退缩、无助、解离或抑郁等。个体可能感到与周围环境脱节，情感钝化。

第六章
自我和解：从僵化到有弹性的内在状态

在自恋型原生家庭中成长的人，往往面临复杂的情感伤害，这导致他们存在情感调节困难，常常徘徊在过高或过低的两种极端情绪之间。情绪波动剧烈时，他们很难找到有效的调节方式，有些人会出现成瘾或自伤行为，以缓解无法承受的情绪压力；有些人则会把情绪转嫁到他人身上，指责、批评、控制他人，甚至诉诸躯体暴力。

改善情绪状态可以从两个角度入手：调适过高或过低的负面情绪、培养积极情绪。

情绪高唤醒状态的调节

1. 即时干预技术 ❶

生理刹车、运动释放技术，以及 STOP 情绪调控策略适用于强烈的焦虑、恐慌、愤怒等过度激活状态的调节。

（1）生理刹车系统激活

4-7-8 呼吸法：一种通过调节呼吸节奏来缓解焦虑、促进放松的生理干预技术。该方法由美国整合医学专家安德鲁·韦尔提出，基于呼吸神经生物学原理——延长呼气时间可激活副交感神经系统，降低心率与血压，抑制"战斗或逃跑"反应。该方法常用于应对急性焦虑、入睡困难及情绪失控。但心肺疾病患者需谨慎使用，避免屏息引发不适。其操作步骤为：用鼻子深吸气 4 秒

---

❶ 参考了由"心浪潮 psyByond"举办的"四季论坛·走出自我伤害"演讲中的部分内容。

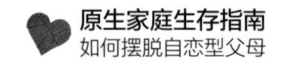

→屏息保持 7 秒→用嘴缓慢呼气 8 秒，循环重复三四次。

感官接地技术（Grounding）：一种通过主动调动感官（视觉、听觉、触觉等）与现实环境建立连接，从而转移注意力、缓解情绪失控的心理调节方法。其核心原理是利用外部物理刺激（如触摸粗糙的桌面）激活大脑皮层的感知区域，阻断情绪脑（边缘系统）的过度反应，帮助个体从情绪风暴中回归当下，重建对身心的控制感。

典型操作包括"5-4-3-2-1"练习：依次辨识环境中 5 种可见物体、4 种可触纹理、3 种可听声音、2 种可嗅气味及 1 种可尝味道。

（2）运动释放通道

定向爆发运动：设定安全环境后，进行 3 分钟全力冲刺跑或猛烈击打沙包，随后立即进行渐进式肌肉放松。高涨的情绪生理反应可通过剧烈运动得以平复。不过，需避免在解离状态下使用，因为会加剧失控感。

韵律性摇摆：以每秒一拍的频率左右摇晃身体，同步默念"安全""现在"等安抚性词语。当缓慢的节奏与人的生理节奏相匹配时，人们会感到舒适，缓解心跳加快、肌肉紧张等生理反应。

（3）即时觉察与思维阻断技术（STOP 技术）

STOP 技术是一种简单有效的情绪调节技巧，用来帮助人在情绪高涨、压力大或面对冲突时，迅速冷静下来，避免情绪失控。STOP 是英文单词的缩写，代表四个具体步骤：

S = Stop（停止）。当你感觉情绪迅速上涌或即将失控时，最重要的一步是立刻停下来。停止你当前的行动、言语或想要做出的反应。这个暂停的动作可以给你一个关键的缓冲，避免情绪性或冲动性的行为。

T = Take a breath（深呼吸）。停止之后进行深呼吸。深呼吸可以帮助你缓解身体和精神的紧张，带来一些平静，并让你重新获得对情绪的控制。

O = Observe（观察）。接下来，观察你的内外状态。观察你自己当下的情绪、身体反应（如心跳加速、肌肉紧张），以及脑海里喷薄而出的想法，并留意周围环境发生了什么（如数一下房间里有几种颜色）。通过观察，你停止了偏执想法与猛烈情绪之间的正循环，可以更清楚地了解自己的情绪来源，并开始评估你当前情绪的合理性，避免过度反应。

P = Proceed（前行）。现在，你可以选择更合理的行动方式，而不是仅凭借情绪的冲动去反应。

产品经理李敏在会议中被同事质疑方案的可行性时，突然感到面红耳赤。（S：停止反驳，双手离开桌面）她进行了三次深呼吸（T：吸气 4 秒 / 屏息 2 秒 / 呼气 6 秒），觉察到颈部紧绷和心跳加快（O：记录"挫败感 7 分""害怕被否定的童年回忆闪现"）。随后她注视会议室中的绿植 10 秒（环境锚定），选择说："这个角度确实需要完善，可否具体说明顾虑？"（P：将攻击冲动转化为建设性对话）

2. 认知重构策略

认知重构策略是认知行为疗法的核心技术之一，旨在通过识别、评估和修正适应不良的思维模式，从而改变情绪反应和行为

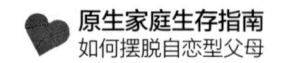

模式。其核心假设基于认知三角模型（认知—情绪—行为相互作用），认为个体对事件的解释方式（而非事件本身）直接决定情绪体验的强度和适应性。

自恋型家庭的幸存者通常有很多苛刻的道德标准，或对自己有完美主义的形象要求，其早年的心理创伤也容易在某些情境下活化并产生强烈的情绪反应。以下三种常见的认知重构技术有助于减弱强烈情绪的破坏性力量。

（1）情绪标签化技术

情绪是一个层级结构，包括核心情绪、次生情绪、防御反应三部分。常见的情况是，当一个人内心受伤时，他会用愤怒来掩盖真实的痛苦，并对他人进行指责。

某男子的发言总被领导忽视，有一次他突然拍桌指责团队"不懂创新"。表面看是生气，实际上真正刺痛他的是"不被重视"的失落感——就像小时候努力学习却换不来父亲的欣赏。愤怒像一层盾牌，让他暂时不用面对"我可能不够好"的恐惧。指责别人虽然能获得短暂的掌控感，却会让关系更疏远，反而验证了"没人重视我"的认知，形成恶性循环。

这个例子呈现了如下的情绪层级结构："愤怒"（次生情绪），掩盖"被忽视的悲伤"（核心情绪），通过"指责他人"（防御）维持重要感。通过情绪的识别，他触摸到了内心真正受伤的点：不被重视而产生的失落和愤怒。

（2）使用情绪成分表进行记录

情绪成分表是一种结构化情绪记录工具，用于系统拆解情绪反应的构成要素。

第六章
自我和解：从僵化到有弹性的内在状态

情绪成分表

触发情景	生理反应	情绪反应	思维内容	行为冲动	过往类似场景
在会议上的提议无人响应	身体紧绷、心跳加速	愤怒、紧张、沮丧	"他们看不起我"	想马上离开	父亲鄙视和冷漠的眼神

使用情绪成分表时，要即时记录——情绪峰值出现 5 分钟内填写，以确保记忆的准确性。记录之后，可针对特定维度设计替代反应，比如当"心跳加速"时启动 4-7-8 呼吸法。

这种记录法通过将混沌的情绪体验结构化、客观化、操作化，打破"我即情绪"的融合状态，帮助个体从情绪囚徒转变为情绪观察员。

（3）悖论性认知干预

对自恋型家庭幸存者特有的"全或无""必须""应该"思维实施认知柔化。

- 将"我必须完美"转化为"我可以犯错，但依然值得被爱"。
- 将"所有人都在看我出丑"转化为"80%的人其实在关注自身"。

通过"荒诞化练习"消解灾难化思维。这种技术通过认知解离将问题从"我的灾难"转化为"可观察的闹剧"，既能保留对现实的觉知，又剥离了情绪粘连。

- 想象你此刻的尴尬场景被做成卡通片，配上滑稽音效循环播放。
- 一个害怕脸红的青年，想象用红色颜料在自己脸上涂成各种深浅不一的脸红形象，自拍后形成"脸红自控图"。

情绪低唤醒状态的调节

长期处于情绪激活不足状态的人容易回避情绪,逐渐形成麻木、疏离、抑郁的基本心境。其情绪意识存在三方面的问题:难以准确描述和区分情绪类型(如混淆愤怒与焦虑);惯用躯体化表达(如用胸闷替代沮丧);时常隔离情绪,导致情绪体验钝化。改善情绪状态需通过情绪觉察、命名、理解、表达的练习,重建情绪感知力。

(1)觉察和探索情绪(RAIN 四步法)

情绪常常伴随身体反应,比如心跳加速、胃部不适、肩膀紧绷等。留意这些反应,并用 RAIN 四步法更好地觉察和探索情绪反应。

R=Recognize(识别)。"我注意到胃部有紧缩感。""我留意到胸腔憋闷的感觉。"

A=Allow(允许)。手掌轻抚情绪对应身体区域,默念:"这种不适有存在的权利。"

I=Investigate(探究)。以开放和好奇的心态探索自己的情绪:"这个情绪有颜色吗?""它是什么形状?""它的力量有多强?""紧缩感随着什么记忆浮现?"

N=Non-identification(不认同)。"这是暂时的体验,不是我的全部。"

陈芳每次家庭聚会后都会感到莫名的烦躁和胃部绞痛,但说不清原因。周日晚上 8 点,陈芳刚结束每月一次的家庭聚餐。她站在厨房水池边洗杯子,水流声盖过了客厅里父亲对母亲大声说话的声音。她的右手突然打滑,玻璃杯磕在水槽边缘发出清脆的响声。她关掉水龙头,发现左手正紧紧攥着洗碗海绵,身体都有点微微发抖。胃部像被装进了一个正在充气的气球,伴随轻微的反酸感。呼吸变得短促,像是有人在她喉咙里塞了团棉花。她把海绵轻轻放回台面,把手放在胃部,对自己说:"这个紧绷感可以暂时待在这里。"她注意到后背开始出汗,但没有像往常那样立刻去擦。她拿出手机,打开备忘录记录下以下内容:

身体信号:胃部充气感(从父亲高声训斥母亲时开始),喉咙堵塞感(洗碗过程中出现)。

情绪拼图:愤怒、委屈、恐惧、悲伤。

记忆浮现:初二时有一次语文没考好,父亲当众把试卷撕碎;高考填志愿时,父亲用红笔划掉中文系,改成会计专业……

她继续追问自己:"胃部的充气感像什么?像小时候待在自己房间里,听到父母剧烈的争吵声而僵在那里。""喉咙的堵塞感让我想起哪些事?初三那年发烧到39℃,但不敢告诉父母,因为他们正在冷战中。"陈芳在备忘录的最后写上自己的不认同:"这是2024年9月的陈芳,不是1998年缩在自己房间里不敢发出声音的小芳。"当她再次触摸胃部时,发现那种令人不适的充气感消失了。

这个案例中的陈芳利用 RAIN 四步法觉察和探索了自己的情绪,明确了情绪的来源,从而改变了情绪体验钝化的情况。

(2)正念情绪体验法

当负面情绪(如被误解引发的愤怒)出现时,用5~10分钟专注体验:允许情绪自然存在;扫描身体反应(如肌肉紧绷);

觉察伴随的思维(如"领导针对我");观察记忆闪回(过往类似经历);保持观察者视角不作批判。通过系统性身体—心理同步觉察,实现情绪的接纳和脱敏。

下午的部门会议结束后,李航站在茶水间盯着咖啡机出神。主管当众指出他项目报告的疏漏时,他感觉耳根发烫,右手不自觉地反复摩挲西装裤缝。平常,他会把这些不舒服的感觉压抑下去,通过投入工作来转移注意力。最近,他正好学习了正念觉察技术,他准备用这个技术来应对。

会议后,李航找到一间无人的会议室,坐在转椅上,闭上眼睛。他让自己安静下来,观察呼吸时腹部的起伏,体会自己身体的感觉——腰部被椅背托着,脚下的地毯很柔软。

主管当众指正的画面浮现在他脑海中,他默念:"允许这个场景停留。"喉部的紧绷感逐渐清晰,像有条细绳在锁骨间来回拉扯。他感到一些焦虑和恐慌,并将其评为"6分的焦燥"。此时,某些记忆碎片闪现:研究生答辩时导师敲桌子的响动,去年绩效面谈时窗外的麻雀扑棱声。他给这些记忆贴上"过往的警报信号"标签,不去追逐这些念头。他的注意力回到自己的呼吸,感受呼吸时腹部的起伏。

5分钟后,他睁开眼,感受到一些轻松。回到工位后,他给主管发了条消息:"您指出的问题我需要3天时间重新梳理,我会在周四前提交修订版。"

在使用正念情绪体验法时,有三个需要规避的误区。

- 接纳≠认同。"我允许愤怒存在"不意味着"我认可引发愤怒的认知";"我允许心情低落"不意味着"情绪低落时

第六章
自我和解：从僵化到有弹性的内在状态

我认为自己一无是处"。

- 正念≠情绪隔离。警惕将正念技术异化为情绪隔离手段。比如，一个人习惯于通过正念把一段糟糕的记忆放在一边，从不去直面它的存在。这并不能真正有助于情绪问题的解决。他需要留出一定的时间，去回溯和理解这段痛苦记忆，识别其中的情绪、想法、信念、回忆和心理主题。

- 不评判≠不分析。在情绪平复后需进行探索和认知重构。通过情绪成分表记录和分析，通过回溯技术联想过去类似的情景，并寻找共同的主题。

（3）情绪表达三维整合：陈述、创作、行动

不能仅仅将情绪停留在内心，也需要用一定的方式将其表达出来。情绪表达的核心价值在于：生理层面，通过语言或行为符号化情绪，降低杏仁核过度激活，促进前额叶对情绪的认知整合；心理层面，突破情感隔离，实现情绪—认知—意义的系统联结，打破情绪固着；社会层面，构建适应性沟通模式，既避免压抑引发的心身症状，又防止情绪暴力损伤关系。

有效的表达是情绪元认知能力的体现，能将混沌感受转化为可处理的信息，为认知重评提供可能性。心理咨询的价值之一便是提供情绪体验和表达的途径，并通过咨访双方的共同理解去解读情绪的含义，最终建立"体验—表达—调节"的动态平衡系统。

- 主体陈述法：把内心困惑的感受和想法向另一个主体表达，尽量使用"我感到……因为……"的句式表达情绪（如"我因被忽视而难过"），替代指责性表达。

- 隐喻创作法：通过艺术载体（日记/绘画/音乐）实现情

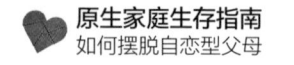

绪的符号化。创意的表达形式可以帮助你宣泄情绪，又不伤害他人。

- 具身释放术：很多人只在思维层面试图控制情绪，而忽略了身体层面的调整，其实后者对于情绪的管理更重要。运用躯体运动（跑步/呼吸训练）或仪式化书写（不寄信件）完成情绪能量代谢。

陈芳未寄出的信

爸、妈：

上周家庭聚餐时，我不小心把筷子掉在了地上，爸爸说"这么大了连个筷子都拿不稳，怎么管团队？"这句话让我想起初中家长会——我没有拿到年级前三的名次，爸爸对着班主任摇头说"这孩子就是不稳当"。

去年生日时我收到了妈妈偷偷塞的润喉糖，包装纸还是2001年演讲比赛前爸爸递给我的那种。这让我想到演讲比赛后爸爸对我的咆哮，我现在仍然感到喉咙发紧、心跳加快。

我花了十多年的时间才明白。当爸爸划掉我的中文系志愿时，我失去的不只是专业选择权；每次粗暴打断我说话后的沉默，都在喂养我喉咙里的棉花团；那些"为你好"背后的否定，让我在职场听到夸奖时总下意识地心头一紧。

这封信不会寄出，就像我永远等不到爸爸问："小芳最近胃还疼吗？"但今天我把一张白纸折成了纸船，放在水槽里看它慢慢沉没。水面晃动的波纹，很像小时候半夜在房间

第六章
自我和解：从僵化到有弹性的内在状态

> 里听你们争吵时，从门缝漏进来的光。
>
> 陈芳
> 2024.9.20

学会健康的自爱，让严苛的超我松弛下来

自恋型父母通常对孩子寄予厚望，期待通过孩子的成功来彰显自己的优秀。于是，成长在这种环境中的孩子往往会形成极其严苛的超我。当现实自我未能达到超我的标准时，他们会不断逼迫自己、苛责自己，进而产生抑郁、自卑等情绪，伴随强迫性行为和完美主义倾向。这些孩子很难真正爱自己，甚至习惯了对自我的攻击。

更加吊诡的是，内在的苛责会不自觉地将积极的结果转化为负面的体验。通过这种转化，个体保留了那种糟糕的自我感受，继续攻击自己。例如，某人虽然进入了一家优秀的公司，却因为被分配到不理想的部门而感到失落；或者某人考上了一所名牌大学，但因为进了不喜欢的专业而无法释怀。本该令人欣喜的事情，却成了心头的一根刺，让他们永远对自己感到不满意。

那么，他们什么时候才会真正爱自己呢？答案就是，当过于严苛的超我开始松动、变得温和时。对于生长于自恋型家庭的个体而言，严苛的超我就像是内化的父母，让个体即使逃离原生家庭依然受到心灵的鞭笞，时不时因为一时的失败或微不足道的缺点而陷入长时间的自我折磨。因此，爱自己开始于重新审视施

加于自我之上的标准的正确性，逐渐抛弃固有的、不切实际的信念、态度和行为习惯。

我们可以通过自我反思和情感调节，让严苛的超我变得更加松弛、灵活，达到一种健康的平衡。

1. 培养自我同情心

培养自我同情心是学会对自己宽容、友善，而不是过度苛责。这是一种温柔的态度，可以帮助我们从内心的严苛批评中解放出来。增强自我同情心的一个有效方法是通过心理练习，换位思考："如果我的朋友正在经历这样的事情，我会如何安慰她？"这样的思维转换可以帮助我们看到，自责往往是不必要的，而温柔对待自己更能促进心灵的健康成长。

自我同情不是对自己的纵容，而是以一种理解和关怀的态度来面对自己的失误和不足。当我们感到内疚或犯了错误时，试着对自己说："骂自己真的有用吗？找出问题并改变就行了。"这样的自我接纳能够帮助我们缓解内在的压力，减轻情感负担。通过有意识地练习，这种宽容的态度将会成为一种习惯，让我们在面对挑战或失败时，学会对自己更加理解和接纳。

2. 自我肯定练习

严苛的超我常常让我们忽视自身的优点和成就，过度关注缺点和不足，这会导致一种不完整的自我认知。为打破这种模式，我们可以通过自我肯定练习来帮助自己建立更加全面的自我认知。

每天写下三件让自己感到满意或有成就感的事情，无论事情的大小。可以是一项完成的工作任务、一件帮助他人的小事，或者是克服了某种情绪波动。通过这种简单的练习，我们不仅能看到自己日常生活中积极的一面，还能逐渐培养对自身优点的认可。

这种练习有助于让个体意识到自身长期被忽略的好的一面，帮助个体平衡自我评价系统，形成更健康的自我认同。通过不断关注和肯定自己的积极面，我们能够逐渐减少内心的自我批评，提升自信心和情绪稳定性。

3. 增加自我觉察

增加自我觉察对于摆脱严苛的超我控制至关重要。那些容易感到焦虑和紧张的人，往往内心充满了"我应该"或"我必须"这样的要求。这些指令通常是来自不合理的期待，在面对压力时，它们会自动浮现，迅速引发焦虑。

当我们通过自我觉察去"看见"这些想法时，焦虑的力量就会开始减弱。认识到这些强迫性的要求，理解它们的来源，可以帮助我们减少它们带来的情绪反应。正念练习是一种有效的工具，能够帮助我们提高对内心变化的敏感度，更多地觉察那些自动跳出的"必须"和"应该"，从而减少它们对我们的影响。

自我觉察让我们有了更多的选择权，不再被自动思维牵制，而是可以有意识地选择更温和、理性的方式对待自己和生活中的挑战。

4. 思维替换：对抗内在批判者的有力工具

思维替换，简单来说，就是用积极的自我评价和正面的自我想象，来对抗那些有毒的自我批评和负面的幻想。严苛的超我往往会通过恐吓性的评价来打击我们，比如"你完蛋了""你将会一无是处""没有人会喜欢你""你是最没有吸引力的人"。当这些声音出现时，很多人会不自觉地相信这些消极判断，认为自己真的糟糕透顶。

有些人还会产生可怕的幻想或梦境，像是在脑中播放恐怖电影，想象出一系列糟糕的情景。比如，有人会梦到自己去教室却没有座位，只能孤独地站在那里；也有人幻想自己即将失业，流离失所。在这些时刻，应及时打断这些负面联想，并用积极的思维进行替换。

比如，一个因为童年创伤形成完美主义倾向的人，常常在做不到完美时感到强烈的自我厌恶和憎恨。这时，他可以用以下思维来纠正："我之所以追求完美，是为了在充满危险的家庭环境中获得安全和支持。完美其实是一种自我折磨的幻想。现在，我不需要通过完美来换取安全和爱。我会远离那些要求我做到完美的关系。我有权犯错。犯错并不会让我变成一个'错误'，每一次错误或意外，都是我学习如何在未得到爱的情况下爱自己的机会。"

5. 扩大生活圈子，接受他人影响

生活圈子的狭窄和社交接触的缺乏，往往加剧了严苛超我的影响。这种状况使得人的生活显得僵化单调，缺乏灵活性，甚至在性格上可能表现为愤世嫉俗或保守封闭。严苛超我往往伴随对新事物、新经验的排斥，使人难以接受变化。

为了打破这一僵局，扩大生活圈子是有必要的。超我过于严苛的人应主动鼓励自己多参与社交活动，认识新朋友，体验不同

的生活方式。通过参加社交活动、加入兴趣小组或跟随潮流体验新事物，生活变得更加丰富多彩。新的人际关系和外界的刺激，可以为个人带来不同的视角与经验，潜移默化地影响内心。

在这个过程中，别人的宽容与接纳，也能够逐渐影响自己的思维模式。尤其是那些具有更有弹性的自我认知、乐观的心态或能灵活应对生活挑战的人，能够为我们提供新的人格示范。随着时间推移，个人内在的灵活性和包容性会慢慢增强，内心对变化和挑战的抵抗感减弱，超我也会变得更加柔和。

6. 寻求专业帮助

相比日常生活中的朋友，心理咨询师更能配合个体的发展步调，为寻求帮助的来访者提供最适当的发展脚手架。在心理咨询过程中，来访者通过回溯过去的事件，借用心理咨询师的视角来重新审视和解释情境，重新体验和理解那些情感。这种深入的探索有助于来访者释放长期压抑的情绪，缓解心理压力，为过去的丧失进行哀悼，从而获得成长的契机。对于那些来自自恋型家庭，内化了自恋型父母形象，形成了严苛的超我的来访者来说，心理咨询师提供的安全、稳定的情感支持环境，替代性的、更符合现实情况的价值标准，能够促使他们重新评估内在的自我批评。

旧有的习惯是顽固的，有其内在的"合理"逻辑。因此在咨询过程中，来访者常常会使用各种心理防御机制来拒绝改变。例如，来访者会质疑心理咨询师的动机，认为心理咨询师在批判他，认为他不够好。事实上，这是来访者严苛的超我的投射。经验丰富的心理咨询师能够识别来访者使用的心理防御机制，采用同理

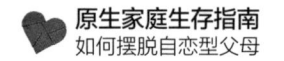

和不卑不亢的态度。例如，咨询师可能会这样回应来访者："你觉得我不够好，帮不了你。这种感觉你是否很熟悉？你会联想到什么？"这类提问可以帮助来访者意识到内心那个永不满足的超我。

改变认知模式和行为习惯需要长期的努力，仅靠个人的意志是十分困难的。要理解这种困难，可以尝试想象减肥20斤的过程。那些超重的人往往会无意识地过度进食，并且认为自己"没有吃太多东西，只是喝凉水也会胖"。来访者倾向于沿着原有的道路前进，尽管那条路上布满荆棘而且通向悬崖。心理咨询师的丰富经验有助于他们将来访者引向正确的道路，不被来访者的攻击性力量和各种防御机制所打倒和迷惑。最终，来访者将能够内化咨询师的思维模式，从而帮助自己改变不良的思维和行为模式，减少服从于严苛的超我，乃至最终改变超我不合时宜的高标准。来访者可能开始思考："为什么我不能像咨询师那样对待自己？为什么我总是对自己如此苛刻？"

7. 学会健康的自爱

学会健康的自爱，是一个人从内到外成长与成熟的标志。当人格结构发生积极转变时，内心中那个曾经严苛的超我不再主宰，取而代之的是一种慈爱但不失严厉的内在态度。个体不再通过打压自己来寻求满足，因为这样的"施虐"代价实在太高了，就像一个沉溺于游戏中的人，逐渐认识到虽然游戏带来了快感，但长期来看，损失远远大于收益。

在这种内心结构转变过程中，自我不再显得卑微和无力，而是变得强大起来，宛如一个肌肉强壮的成年人。这种内在的力量，

第六章
自我和解：从僵化到有弹性的内在状态

源于一种稳固的信念：我值得被爱，我值得拥有美好的体验。

学会健康的自爱，意味着内心的柔软和坚定并存。当我们面对挫折和失败时，不会再对自己施以无情的批判。是的，我们可能会感到些许遗憾，或有短暂的自责，但不会陷入自我贬低的恶性循环。因为我们知道，失败是每个人都会经历的，只要从中汲取教训，它便成了成长的助推力，而不是自我攻击的理由。

当我们取得成功时，健康的自爱让我们能够全然享受这种美好感受，而不会通过自我破坏的行为去消解它。我们内心有了确信，自己是值得拥有这些好体验的，不再怀疑自己是否配得上这些美好时刻。

同时，随着自爱的成长，我们开始减少与他人的比较。我们逐渐意识到，每个人都是独一无二的，有着自己的长处和短处。一味地与他人较量，实际上是在与自己作对，是不够自我接纳的表现。我们能够接受自己的局限，愿意做一个有缺点但完整的人，扬长避短不仅能让我们感到更积极，也能帮助我们更好地发挥自己的潜能。

健康的自爱不仅改变了我们对自己的态度，还扩展到了我们与他人的关系。学会自爱之后，我们变得更加容易欣赏和认可别人。我们不再对他人的成功怀有强烈的嫉妒，而是能够发自内心地感受到他人的优点。这种欣赏带来了更为亲密和友好的互动，让我们的关系更加和谐、温暖。

不仅如此，我们还将逐渐学会接受他人比自己优秀。我们明白，世界上总会有人在某些方面比我们更出色，这不仅是正常的现象，甚至是一件美好的事。通过这种心态的转变，我们开始欣

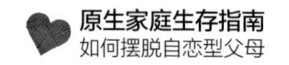

赏和尊重他人的独特性，学会与他人和平共处。

最终，健康自爱的力量延伸到我们对世界的态度上。当我们不再专注于个人利益时，我们会发现自己愿意为社会做一些有意义的事情。内心的爱不再局限于自我，而是扩展到了他人、社会乃至整个世界。我们愿意为共同的利益而行动，而不仅仅是满足自己的需求。这种变化，标志着一个人的成熟——他不仅学会了爱自己，也学会了用同样的方式去爱他人和世界。

探索内在小孩，在咨询中二次成长

每个人都拥有内在力量和成长的潜力，但当这股力量还太弱小而外界环境过于恶劣时，成长就会被迫停滞，甚至误入歧途。作为心理咨询师，我总是希望帮助那些有童年心理创伤的人修复自我和人际关系。不过，对于大多数人来说，心理咨询仍然是一个相对陌生和充满未知的领域。因此，在本书的最后部分，我将简要介绍心理咨询的过程。

心理咨询建立于来访者与心理咨询师之间的一种合作性关系。在安全、非评价的咨访关系中，来访者通过与咨询师的自由交谈[1]，去探索、理解和整理各种情绪、想法、欲望和冲突，逐渐形成分化良好的自我表征——一个人有了充分的主体性，而不会感到自己是被他人所定义的。来访者还能发展出整合能力——不

---

[1] 现在已经多了一些身体取向为主的咨询流派，比如体感疗法（Somatic Experiencing，SE）、眼动脱敏与再加工疗法（Eye Movement Desensitization and Reprocessing，EMDR）等。

再以非黑即白的方式来体验自己和他人，而是对差异和复杂性有更大的涵容能力。通过一段系统的心理咨询，来访者既能逐渐地缓解问题和症状，又能使停滞的人格成分得到成长和发展，最终成为一个能享受生活并有创造力的人。

有童年创伤的来访者对于康复的态度往往是矛盾的，一方面他们渴望疗愈自己，另一方面他们会通过各种方式推迟这个过程。毕竟，直面童年创伤是令人羞耻的、痛苦的过程。他们往往要在生活遇到无法跨越的困境时，才有勇气跨出求助的第一步。即使接受了心理咨询，他们也会因为各种原因离开咨询。但也有些来访者会坚持下去，通过系统的、长程的咨询，逐渐让自己得到疗愈。

心理咨询真的值得做吗

很多人注重对身体的照顾，会花费大量的时间强身健体、疗愈身体上的伤痛和不适，却忽视了情感上的自我照顾。找个咨询师，用数月到数年的时间，花费数千到数万元的费用，来进行这种自我探索和成长之旅，这种事情是否值得做呢？这个问题是很多打算咨询的来访者的困惑。

一些来访者在做了心理咨询之后会有这样的感慨："为什么不早点开始？"通过咨询，他们明显感受到了咨询带来的帮助，他们后悔之前对于接受咨询的犹豫，否则也许早就可以减轻痛苦并得到成长，也会少走些弯路。

你可能会惊疑："啊，心理咨询真的有这么厉害吗？会不会是夸大其词？"倒不是说心理咨询师真的有多么厉害，只是，很多来访者缺少心理成长空间，而心理咨询师能够提供这样的空间。一旦有了心理成长的空间，一个人就有了呈现并疗愈自己的机会。一些成长于自恋型家庭的人，当接触到心理咨询所带来的成长性环境之后，会发现自己在成长过程中形成的诸多不良的行为模式、关系模式、信念等，在一定程度上得到了重塑。

心理咨询的疗效已经得到了实证研究的支持，除此之外，心理咨询还能带来人格的成长。在心理咨询过程中，过去的记忆、压抑的情感、不良的关系模式、不合理的信念、心理的创伤，都有机会得到重新认识与理解。这个过程能带来内在稳定性的增加，自尊和自我功能的提升等。这些人格方面的成长是很多人在不自觉追求的，而心理咨询能加速这种改变。

心理咨询能够让困扰来访者多年的心理问题得到充分的疗愈或改善。但对于来访者来说，要注意克服急于求成的心态。不正确的心态是：开始咨询后，时时关注它的结果，希望它早点出现；有了好结果之后，又特别担心失去它。当然，这种心态的调整也是很多来访者在咨询前期会经历的，有经验的咨询师会耐心地等待来访者心态的转变。

在心理咨询过程中，结果当然是要追求的，但只有忘掉（忽略）结果才能有好的结果。因此，如果你刚开始做心理咨询，不妨暂时把对效果的追求放在一边，甚至把困扰你的症状放在一边，只是在咨询中尽可能表达和分享自己的想法和感受，探索和认真思考自己与他人的关系，去留意浮现的记忆、梦、情感等。这些看上去无关紧要的内容，却能够不断地打开你自己，让受伤的部分得到重视以至得到治疗。

第六章
自我和解：从僵化到有弹性的内在状态

遗憾的是，很多人宁愿远赴万里也不愿正视自身，宁愿伤害身体也不愿疗愈心灵，宁愿寻求食色性等欲望的满足也不愿获得心理的成长和成熟。从这个意义上来说，那些寻求心理咨询的人，往往是一些注重内心成长，更有勇气和智慧的人。

心理咨询的过程是怎样的

许多人会用医患模式来理解心理咨询。在他们的想象里，来访者只需把心理困扰说出来，然后咨询师就会开出相应的处方。

这种想象的一大问题就是心理咨询师无法开具处方。除了小部分精神疾病具有对症的药物，大多来访者是通过与咨询师的关系来得到疗愈的。在合作性的工作同盟中，咨询师通过掌握的正确理念与方法来逐步影响来访者。来访者不是被动地接受治疗，而是主动地参与到咨询中来，报告自己的想法和感受，并将咨询中所获得的方法和体验应用到日常生活中去。

心理咨询通常包括三个阶段：

（1）开始阶段

这是咨询的第1~3次，咨询师通过评估来访者的症状、成长经历、家庭关系、亲密关系等，形成初步的案例概况，并设定咨询的目标。在这个阶段，建立信任和工作同盟是关键。如果来访者感受到来自咨询师的理解与支持，咨询关系便能更稳固；反之，如果缺乏信任，咨询可能难以持续。

（2）中间阶段

这是咨询的工作阶段，咨询师运用不同的理论与技术来帮助来访者。精神分析取向的咨询师可能会探索来访者的想法、记忆、情感、梦和幻想等心理材料，并进行移情和阻抗❶分析；认知行为取向的咨询师则会着重帮助来访者识别和挑战不合理的信念，并通过练习促进行为改变。这一阶段的长短取决于来访者问题的复杂性，以及目标的达成情况。

（3）结束阶段

当咨询目标逐步达成时，来访者和咨询师可以协商结束咨询。短程咨询的结束通常较为快速，而长程咨询的结束阶段可能持续数月甚至一年，特别是在涉及分离与丧失等议题时，结束阶段的讨论尤为重要。

在咨询的过程中，来访者可能会遇到情绪波动，甚至突然想要结束咨询。正确的做法是与咨询师讨论这些想法，而不是因为冲动而提前终止咨询。心理咨询本质上是一个曲折前进的过程，需要来访者的耐心和持续的投入。

心理咨询到底要做多久

相比健身、接受某种培训，大众消费心理咨询的时数远远落

---

❶ 移情是指来访者将自己过去与重要他人（如父母、亲密关系中的人物等）之间的情感、态度和行为模式转移到咨询师身上的现象。阻抗是指来访者在咨询过程中无意识地避免面对或处理内心深处的冲突、痛苦或不愉快的情感的行为。移情和阻抗是心理动力学咨询中咨询师重点关注的两项内容。

第六章
自我和解：从僵化到有弹性的内在状态

后。不仅如此，心理咨询的脱落率❶很高，国外的统计显示脱落率达到46.8%，国内统计的脱落率更是高达80%。

这些现状表明，来访者对心理咨询的信任度、坚持度很低，这可能跟中国心理咨询行业的大环境有关。国家层面缺乏心理咨询行业的监管机构，行业内缺乏统一的准入标准，从业机构鱼龙混杂，心理咨询师专业胜任力不够，再加上时不时爆出的咨询师剥削来访者的新闻等，让大众对心理咨询行业普遍持负面态度，这些都会阻碍一段有效咨询的开展。

一方面因为心理痛苦需要心理咨询的帮助，另一方面又不够信任心理咨询，于是，自力更生成为大多数心理痛苦者的选择。表现为：大量阅读心理学文章、参加各类心理培训、简短地做几次咨询获得一些方法、努力找到短平快的方法。真正选择安心地接受一段系统心理咨询，慢慢改变的来访者其实不多。自力更生是需要的，但寻求专业的帮助也很重要，两者完全可以做到相辅相成。

寻求专业帮助时，找到一个靠谱的咨询师也是重要的。靠谱的咨询师主要表现在拥有专业胜任力，包括受训背景、接受督导的经验、咨询经验等。一般来说，受训背景深厚、接受督导时数较长、咨询经验丰富的咨询师更有专业胜任力。除此之外，在咨询中与咨询师相处时的感觉也很重要。一段安全的咨询关系有四个明显的特点：

- 咨询师能容纳和理解来访者的想法、感受、欲望等主观

---

❶ 脱落是指来访者在开始接受心理干预之后，在其心理困扰或问题尚未解决之前就终止了咨询的现象。

体验。

- 当关系面临破裂的危险时，咨询师能主动觉察并发起修复。
- 咨询有明确的设置与干预，而不只是共情性的理解，来访者感觉到咨询师愿意与自己一起努力去推动成长。
- 咨询师对来访者的成长有信心，能略高于来访者的自我期待，比来访者更乐观。

如果你找到了一位靠谱的心理咨询师，并感受到了心理咨询的帮助，那么，心理咨询到底要做多久才合适呢？我们可以从两个层面来回答。

1. 症状或问题的改善

来访者希望通过心理咨询达到的目标通常包括：改善或消除症状，如焦虑、抑郁、失眠等；改善或解决心理问题，如学习或工作压力、伴侣关系冲突、亲子关系问题、人际交往困境、职业或关系选择的困惑等。

通常来说，症状或问题持续的时间越长，严重程度越高，来访者的童年心理创伤越明显，社会支持系统越不完善，那么改善的难度就越大，所需时间也越长。相反，如果问题只是短暂的，严重程度有限，并且来访者人格健全，社会支持系统完备，那么改变就相对容易得多。因此，如果你的目标是通过心理咨询改善症状或问题，当你感到症状或问题有了明显改善时，便可以考虑结束咨询。

值得注意的是，心理咨询的目标未必是彻底解决某个问题，它也可能是达成一个阶段性的缓解。短期咨询通常专注于现实中可以改变的症状或问题,目标明确且具体,且有时会约定咨询的次数,如 12 次或 20 次。然而,并非所有症状或问题都适合短程咨询,具体是否采用这种方式应根据来访者的实际情况来决定。

2. 心理成长与人格完善

心理咨询更高的价值在于促进个人的心理成长和人格改变。若你与那些成长于不良原生家庭的人交谈,或许会惊讶地发现他们有许多自我设限的信念、态度和行为,比如:

- 很少倾诉自己的痛苦。
- 从不肯定或欣赏他人。
- 不敢直接表达需求,总是压抑自己,或让别人猜测。
- 害怕情感沟通,甚至在被逼到墙角时依然回避。
- 失败后痛骂自己,认为自我安慰很虚假。
- 认为一旦别人了解真实的自己,就会不喜欢自己。
- 时刻在意别人的评价,把每次社交当作生死攸关的战场。

这些不合理的信念和行为,如果能在心理咨询中被适当地审视和理解,并通过生活中的实践逐步改变,就能帮助来访者更合理地表达情感,更勇敢地表达需求并享受亲密关系,并更容易发现他人的闪光点。这种转变伴随情绪的放松、自信的提升和爱的能力的增加,而与不合理信念相伴的则是焦虑、抑郁、紧张和敌意。

若你将心理成长作为心理咨询的目标,则可以与咨询师一起制定具体的咨询目标,如"提升自尊水平""修复原生家庭创伤""改变不安全的依恋关系"等。一旦确定了目标,并认为咨询师合适,就可以投入咨询,与咨询师共同商定咨询的次数和进度。

这种聚焦于个人成长和人格改变的咨询属于长程咨询，往往需要更长的时间，可能持续一年至数年。在这个过程中，咨访关系的讨论往往是重点，来访者将内在的客体关系，外化到与咨询师的关系上来（移情）。对咨访关系的理解和修通，会带来内在人格状态的改变。随着时间的推移，来访者在情感调节、关系处理、自我认同和核心信念等方面都会逐渐发生积极的变化。

来访者和咨询师可以根据达成的目标来决定是否终止咨询。如果目标顺利实现，且没有新的咨询目标需要探讨，咨询可以自然结束。如果来访者在某个阶段认为无法继续实现咨询目标，也可以与咨询师商讨后选择停止咨询。

终止咨询通常不是一次性完成的，或者简单地中断，而是应该有一个渐进的结束过程。例如，对于10次的咨询，建议留出2~3次作为结束阶段；对于半年的咨询，最好留出1~2个月；对于数年的咨询，可能需要3个月、半年，甚至一年左右的时间来引入终止议题。咨询师和来访者共同协商确定终止的时间，并在这一过程中处理分离、移情等问题，同时重新聚焦于此前讨论过的核心议题。通过安排一个逐步过渡的结束阶段，咨访双方可以有足够的时间进行回顾、哀悼与告别，确保这一过程能够富有意义地完成。

总之，心理咨询的时长因人而异，具体取决于来访者的需求、问题的复杂性以及个人的成长目标。通过与咨询师的共同努力，来访者可以在心理咨询过程中改善症状，促进心理成长，从而提升生活质量并增进整体的心理健康。

延伸阅读

[1] 阿尔弗雷德·阿德勒.自卑与超越[M].陈玠，译.北京：民主与建设出版社，2019.

[2] 埃塞尔·S.珀森.论弗洛伊德的《一个被打的小孩》[M].刘文婷，译.北京：化学工业出版社，2018.

[3] 安东尼·贝特曼，彼得·福纳吉.人格障碍的心智化治疗[M].邓衍鹤，马江烨，陈云祥，等译.北京：中国轻工业出版社，2021.

[4] 巴塞尔·范德考克.身体从未忘记：心理创伤疗愈中的大脑、心智和身体[M].李智，译.北京：机械工业出版社，2016.

[5] 彼得·冯纳吉，乔治·葛瑞盖，艾略特·朱里斯特，等.心智化：依附关系、情感调节、自我发展[M].魏与晟，杨舒涵，译.台北：心灵工坊，2021.

[6] 布莱克曼.心灵的面具：101种心理防御[M].毛文娟，王韶宇，译.上海：华东师范大学出版社，2011.

[7] 布鲁斯·E.瓦姆波尔德，扎克·E.艾梅尔.心理治疗大辩论：心理治疗有效因素的实证研究（第2版）[M].任志洪，译.北京：中国人民大学出版社，2019.

[8] 大卫·J.威廉.心理治疗中的依恋：从养育到治愈，从理论到实践[M].巴彤，李斌彬，施以德，等译.北京：中国轻工业出版社，2014.

[9] 格雷戈里·汉默顿.人我之间：客体关系理论与实务[M].杨添围，周仁宇，译.台北：心灵工坊，2013.

[10] 海因茨·科胡特.自体的分析：一种系统化处理自恋人格障碍的

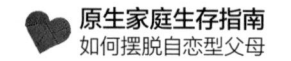

精神分析治疗 [M]. 刘慧卿，林明雄，等译. 北京：世界图书出版公司，2012.

[11] 海因茨·科胡特. 自体的重建 [M]. 许豪冲，译. 北京：世界图书出版公司，2013.

[12] 雷蒙德·利维，斯图尔特·阿布隆，霍斯特·凯歇勒. 心理动力学心理治疗研究：循证实践和基于实践的证据 [M]. 蔡明镜，何峻，李晓驷，等译. 北京：世界图书出版公司，2022.

[13] 利蒂西娅·格洛瑟·菲奥里尼，蒂里·博卡诺夫斯基，塞尔吉奥·莱克维兹. 论弗洛伊德的《哀伤与忧郁》[M]. 蒋文晖，王兰兰，译. 北京：化学工业出版社，2021.

[14] 罗杰·A. 麦金农，罗伯特·米歇尔斯，彼得·J. 巴克利. 临床实践中的精神医学访谈（第三版）[M]. 赵媛媛，张道龙，译. 北京：北京大学出版社，2020.

[15] 罗纳德·波特－埃夫隆，帕特丽夏·波特－埃夫隆. 羞耻感 [M]. 王正林，译. 北京：机械工业出版社，2018.

[16] 梅兰妮·克莱因. 克莱因文集：嫉羡与感恩 [M]. 段文静，等译. 北京：九州出版社，2017.

[17] 美国精神医学学会. 精神障碍诊断与统计手册（第5版）[M]. 张道龙，等译. 北京：北京大学出版社，2015.

[18] 南希·麦克威廉斯. 精神分析诊断：理解人格结构 [M]. 鲁小华，郑诚，等译. 北京：中国轻工业出版社，2015.

[19] 皮特·沃克. 不原谅也没关系：复杂性创伤后压力综合征自我疗愈圣经 [M]. 严菲菲，译. 北京：北京科学技术出版社，2023.

[20] 俞林鑫. 如何找到适合你的心理咨询师 [N]. 心浪潮PsyByond心理，

2022-03-29.

[21] 俞林鑫. 探索你自己：自我分析的途径[M]. 北京：中国法制出版社，2021.

[22] 朱迪思·赫尔曼. 创伤与复原[M]. 施宏达，陈文琪，译. 北京：机械工业出版社，2015.

[23] CARNES P. The Betrayal Bond: Breaking Free of Exploitive Relationships[M]. Arlington: Health Communications, Inc., 1997.

[24] KERNBERG O F. Borderline Conditions and Pathological Narcissism[M]. New York: Jason Aronson, 1975.

[25] MILES G J, SMYRNIOS K X, JACKSON M, et al. Reward-punishment sensitivity bias predicts narcissism subtypes: Implications for the etiology of narcissistic personalities[J]. Personality and Individual Differences, 2019, 141: 143-151.

[26] PINCUS A L, CAIN N M, WRIGHT A G C. Narcissistic Grandiosity and Narcissistic Vulnerability in Psychotherapy[J]. Personality Disorders: Theory, Research, and Treatment, 2014, 5(4): 439-443.

[27] PINCUS A L, LUKOWITSKY M R. Pathological Narcissism and Narcissistic Personality Disorder[J]. Annual Review of Clinical Psychology, 2015, 6(1): 421-446.

[28] STARK M. Working Through Resistance: The Process of Therapeutic Change[M]. New York: Jason Aronson, 1994.